EXERCICES

ORTHOGRAPHIQUES

GRADUÉS ET CALQUÉS SUR LA NOUVELLE ÉDITION DE LA

GRAMMAIRE FRANÇAISE DE LHOMOND,

SUIVIS D'EXERCICES SUR LES HOMONYMES,

ET D'UN TRAITÉ D'ANALYSE GRAMMATICALE ET D'ANALYSE LOGIQUE,

A L'USAGE DES ÉCOLES PRIMAIRES,

Par un ancien Maître de Pension.

PREMIÈRE ÉDITION.

AMIENS,

Chez CARON et LAMBERT, Imprimeurs-Libraires,

Place du Grand-Marché.

X

30090

EXERCICES

ORTHOGRAPHIQUES.

EXERCICES

ORTHOGRAPHIQUES

GRADUÉS ET CALQUÉS SUR LA NOUVELLE ÉDITION DE LA

GRAMMAIRE FRANÇAISE DE LHOMOND,

SUIVIS D'EXERCICES SUR LES HOMONYMES,

ET D'UN TRAITÉ D'ANALYSE GRAMMATICALE ET D'ANALYSE LOGIQUE,

A L'USAGE DES ÉCOLES PRIMAIRES,

Par un ancien Maître de Pension.

—◦◦◦◦—

PREMIÈRE ÉDITION.

AMIENS,

Chez CARON et LAMBERT, Imprimeurs-Libraires,

Place du Grand-Marché.

1847

AVIS AUX ÉLÈVES.

En rédigeant ce petit ouvrage, nous n'avons eu d'autre but que d'épargner des larmes aux élèves, et de leur faciliter l'étude si aride de la Langue française.

Nous avons suivi pas à pas l'ordre indiqué dans notre Grammaire ; en sorte que ce n'est pas seulement chaque chapitre, mais chaque numéro, qui a, selon son degré d'importance, des Exercices plus ou moins étendus, gradués et appropriés à leur jeune intelligence.

Nous nous sommes bien gardé d'adopter le procédé détestable de la *Cacographie* ou *l'écriture fautive*, que l'on emploie encore dans quelques ouvrages de ce genre. En effet, vouloir enseigner l'orthographe aux enfants, en leur présentant une foule de mots monstrueusement défigurés, n'est-ce pas prétendre leur faire pratiquer la vertu en les faisant passer d'abord par tous les degrés du vice ? Cette invention déplorable doit être proscrite de l'enseignement. Ne savons-nous pas que *l'œil a aussi sa mémoire*, et qu'il ne faut lui offrir que des exemples bien orthographiés, si l'on ne veut pas qu'il devienne un instrument d'erreur ?

Dans nos Exercices, *l'orthographe usuelle*, proprement dite, est toujours respectée ; car rien ne saurait faire soupçonner à l'élève que tel mot est bien ou mal écrit. Les seules fautes que nous ayons introduites, à dessein, ne portent jamais que sur *l'orthographe grammaticale* ou *de principes* qui a des règles fixes (*). Ainsi.

(*) Voir *l'Orthographe* n° 401 de la Grammaire.

pour retirer quelques fruits de notre travail, avant de commencer un exercice, il suffit que l'élève se pénètre bien de la règle qui en fait l'objet. Il doit également suivre cette marche sûre et certaine pour les Exercices récapitulatifs.

Dans les Exercices sur les homonymes, quoique plus difficiles, il n'y a qu'une simple transposition à faire. Là, il faut avoir recours au dictionnaire, puisque c'est l'usage qui fait la loi.

Quant à l'analyse, *grammaticale* ou *logique*, les élèves doivent se conformer ponctuellement aux principes qui y sont développés.

Enfin, rien n'a été négligé pour aplanir les difficultés, et pour donner de l'intérêt, de l'utilité à notre livre, et nous sommes convaincu qu'en suivant la route que nous avons indiquée, les élèves feront des progrès rapides en peu de temps. C'est là notre seul et unique désir, et nous espérons que la reconnaissance de la Jeunesse nous est acquise.

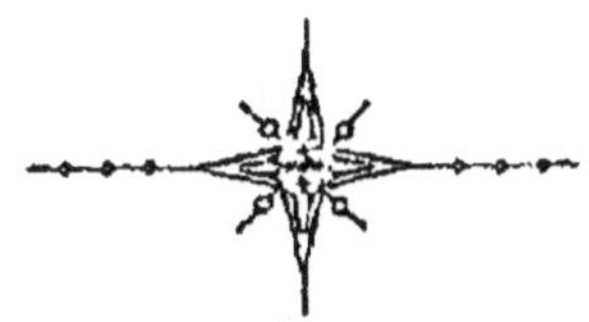

EXERCICES

ORTHOGRAPHIQUES.

DU NOM.

LES NOMS COMMUNS ET LES NOMS PROPRES.

(Grammaire, Nᵒˢ. 21 et 22.)

Désigner les noms communs par un C et les noms propres par un P.
Mettre une lettre majuscule aux noms propres.

1ᵉʳ. EXERCICE. — père, france, sœur, angleterre, livre, portugal, plume, italie, jardin, berlin, napoléon, cour, joséphine, cousin, cheval, amiens, abbeville, chien, prairie, normandie, alsace, table, amérique, couteau, étienne, loup, souris, bourgogne, flandre, pain, chasse, homme, lisbonne, porte, madrid, laurette, rouen, lucien, alger, norwège.

2ᵉ. — poirier, pomme, bordeaux, oise, grenouille, baudet, jument, afrique, marie, louise, bruxelles, bœuf, vache, paris, londres, viande, chou, espagne, catherine, léon, arbre, ciel, autriche, vienne, vin, auguste, ville, beauté, hollande, peuple, prusse, douceur, amitié, canif, léontine, porte.

DU GENRE.

(Gramm., No. 25.)

Indiquer le genre par un M ou un F. et en mettant *le* ou *la* devant le nom, ou *un*, *une* devant ceux qui commencent par une voyelle ou une *h* muette.

3ᵉ. — homme, — femme, — oncle, — tante, — neveu, — nièce, — frère, — sœur, — chien, — alonette, — cerf, — biche, — âne, — jument, — oiseau, — hirondelle, — lion, — lionne, — loup, — louve, — singe, — brebis, — mouton, — guenon, — rosier, — tulipe, — hibou, — chouette, — chien, — ortolan, — porte, — échelle, — lièvre, — perdreau.

4°. — café, — table, — thé, — cerise, — pain, — lampe, vin, — bière, — cheveu, — oreille, — blé, — orange, — terre, — orage, — union, — usage, — autel, — vigne, — soleil, — lune, — aveu, — ronce, — arbre, — serpette, — beauté, — crayon, — astre, — maison.

FORMATION DU PLURIEL.

(Gramm., N°. 29.)

Corriger les fautes conformément à la règle.

5°. — Les homme, les femme, les père, les mère, les frère, les sœur, les oncle, les tante, les cousin, les cousine, les garçon, les fille, des roi, des reine, des berger, des bergère, des maître, des maîtresse, des enfant, des parente, des maire, des adjoint, des marchande.

6°. — Des bœuf, des vache, des cerf, des biche, des coq, des poule, des lion, des lionne, des loup, des louve, des papillon, des alouette, des rat, des poisson, des chien, des chat, les singe, les âne, les pie, les hirondelle, les hanneton, les pigeon, les fauvette, les renard, les linotte, les bouchon, les boisson.

7°. — Les table, les lapin, les champ, les crime, les folie, des prairie, des rose, les ronce, des livre, des plume, des bâton, les chemin, les pommier, les chêne, des vigne, des cerise, des charrue, des vallée, les horloge, les hommage, les hareng, les haricot, des haie.

8°. — Les picard, les espagnol, les autrichien, les belge, des normand, des turc, des grec, des auvergnat, les flamand, les italien, les arabe, des gascon, des européen, des américain, des africain, des breton, des parisien, des alsacien, des savoyard, des suisse.

NOMS TERMINÉS PAR S, X, Z.

(Gramm., N°. 30.)

Il n'y a rien à changer au signe distinctif du pluriel

9°. — La *ou* les brebis, le *ou* les gaz, le *ou* les fils, le *ou* les bois, un *ou* des tapis, une *ou* des voix, la *ou* les croix, un *ou* des puits, le *ou* les vernis, une *ou* des noix, un *ou* des pois, le *ou* les prix, un *ou* des salsifis, un *ou* des pays, un *ou* des crucifix, la *ou* les vis, le *ou* les français.

10e. — Un *ou* des mois, un *ou* des nez, un *ou* des avis, le *ou* les bas, un *ou* les commis, un *ou* des os, un *ou* des as, la *ou* les perdrix, un *ou* des propos, la *ou* les souris, un *ou* des rubis, le *ou* les riz, un *ou* des choix, un *ou* des repas, le *ou* les repos, le *ou* les anglais.

NOMS TERMINÉS EN EAU, AU, EU.

(Gramm., N°. 31)

Corrigez les fautes conformément à la règle.

11e. — Des agneau , des arbrisseau , des gâteau, des hameau, des marteau , les troupeau , des chameau, des couteau, les roseau , des eau , des gluau , les tuyau, les sarrau, les sureau, des noyau, les neveu, les manteau, les cheveu, des adieu, des dieu, les vœu.

12e. — Les étau, les poireau , les drapeau , les tableau , les corbeau, les moyeu, les moineau, les feu, les oiseau, les milieu, les chalumeau, les pieu , les rameau, les côteau, les boyau, les vaisseau, les lambeau, les chapiteau, les étourneau, les pruneau, les manteau,

LES NOMS EN OU.

(Gramm., N°. 32.)

13e. — Les coucou, les chou, les hibou, les joujou, les pou, des caillou, des sou, des bijou, des fou , des genou , des écrou, des filou, des amadou, des licou, des sapajou, des toutou, des sajou, des verrou, des trou, des cou, des acajou.

LES NOMS EN AL.

(Gramm., N . 33.)

14e. — Des amiral, des animal, des arsenal, des bal, des vassal, des cal, des canal, des caporal, des cardinal, des cheval, des carnaval, des confessionnal, des local, des cristal, des fanal, des général, des hôpital, des journal, des madrigal, des armorial, des haut-mal, des sénéchal, des demi-métal.

15e. — Des bocal, des mal, des maréchal, des minéral, des métal, des piédestal, des quintal, des processionnal, des procès-verbal, des chacal, des réal, des régal, des signal, des tribunal, des val, des urinal, des poitrinal, des arsenal, des provincial, des chenal, des diurnal, des horripal, des arrière-vassal.

LES NOMS EN AIL ET CIEL, AIEUL, ŒIL.

(Gramm., Nos. 34 et 35.)

16e. — Des ail, des rail, des bail, des bétail, des attirail, des camail, des canail, des caravanserail, les ciel, des corail, des émail, des épouvantail, des éventail, des œil, des gouvernail, des mail, des plumail, des poitrail, des portail, des soupirail, des travail, des aïeu, des bisaïeu, des trisaïeu, des ventail, des vantail, des vitrail, des détail, des sérail, des sous-bail.

RÉCAPITULATION.

17e. — Les vache, les cheveu, les âne, les mulet, les table, les viande, les ciel, les souris, les côteau, les livre, les levreau, les poirier, des arbre, les cheval, les fauteuil, les hameau, les tuyau, les chou, les sel, les blé, les vigne, les violette, les lieu, les pou, les village, les prix, les salsifis.

18e. — Les poule, les château, les ormeau, les joujou, les mouchoir, les lit, les chambre, les canal, les vallon, les redingote, les veste, les maison, les milan, les maréchal, les genou, les vantail, les régal, les bisaïeu, les enfant, les orateur, les roi, les feu, les milieu, les moyen, les prêtre, les croix.

19e. — Les détail, les noix, les pâte, les tamis, les souris, les fourmi, les globe, les aïeu, des éventail, des ail, les ciel, les pelle, les lampe, les chapeau, les neveu, les porte, les hameau, les rivière, les ruisseau, les corbeau, les sou, les fou, les travail, les prince, les corail, les sérail, les bal, les chapiteau.

20e. — Les père, les jardin, les gaz, les repas, les nuage, les couteau, les général, les mère, les saule, les raisin, les caille, les perdrix, les pie, les geai, les canal, les carnaval, les acajou, les oranger, les four, les pou, les ami, les sofa, les nez, les trisaïeu, les choix, les montagne, les bétail, les perdreau.

21e. — Les lambeau, les ouvrier, les chapiteau, les coucou, les métal, les bocal, les raisin, les cousine, les général, les propos, les riz, les tamis, les tante, les oncle, les sou, les landau, les croix, les pois, les hôpital, les beauté, les veau, les couvent, les animal, les étourneau, les pêcheur.

DE L'ARTICLE.

(Gramm., N°s. 39 a 42.)

Mettre l'article devant le nom suivant le genre et le nombre.

22e. — père, — mère, — frère, — sœur, — villages, — terre, — prince, — crayons, — fontaines, — oiseau, — hirondelle, — cheveux, — vaches, — éléphant, — cheval, — maître, — femmes, — jardin, — herbe, — livres, — cousins, — justice, — juges, — abîme.

23e. — ongle, — ode, — centimes, — évangile, — hameau, — idole, — statues, — enclume, — cigarre, — encriers, — éventails, — poutre, — paroi, — docilité, — sciences, — vigne, — vertus, — embarras, — calomnie, — légume, — écoliers, — charron.

24e. — La amitié de les enfants. Le œil de le maître. La application à les devoirs. La oisiveté de les domestiques. La imprudence de le écolier. La armée de le ennemi. La assiduité à les affaires. Le almanach menteur. Le œuf de le enfant. La armoire à les confitures. La auberge à le bout de la rue. La affectation de le hypocrite.

25e. — Le homme, l'hameau, l'hanneton, l'haricot, la harmonie, la herbe, le honneur, l'hangar, l'halle, l'hauteur, la hélice, l'haie, la histoire, la hymne, l'héros, le héroïsme, le oncle, le office, le organe, la humanité, le épisode, la onglée, le arbre, le œil, la œuvre, le agneau de le voisin, le effet de le mensonge.

DE L'ADJECTIF.

FORMATION DU FÉMININ DANS LES ADJECTIFS.

RÈGLE GÉNÉRALE.

(Gramm., N°. 49.)

Corriger les fautes conformément à la règle.

26e. — Un personne charmant, un lecture attrayant, un mère indulgent, le place grand, le femme patient, un plume noir, le table rond, le prison obscur, le cerise rafraîchissant, l'obscurité effrayant, le feuille vert, le trompette retentissant, le rose odoriférant, l'estrade élevé, un fille picard.

27°. — Un chambre chaud, le montagne haut, le leçon récité, le nouvelle certain, le girafe moucheté, un haie fermé, un croix saint et sacré, le vache méchant, le petit maison, le bourse terminé, un figure joli, le chaumière habité, un dette acquitté, le chose étonnant.

28°. — Un cour étroit, un règle observé, un sortie caché, un eau clair, un femme pédant, laid, le liqueur fort, un chienne enragé, un fille réservé, soumis, noyé, mort, inhumé, un conduite hautain, désapprouvé, le manière dur, désobligeant, le loi précis, promulgué.

29°. — Un chambre peint, meublé, loué, le source pur, un montagne élevé et cultivé, un fleur brillant, le rose épanoui, ouvert, fleuri, le boule bleu, rond, le reine bienfaisant, le contrée éloigné, uni, fécond, froid, un tulipe fané, cueilli, un troupe hardi, aguerri, un légion honoré, le poursuite violent, mal intentionné, un glaire épais.

ADJECTIFS QUI DOUBLENT LA DERNIÈRE CONSONNE
EN AJOUTANT UN E MUET.

(Gramm., N°s. 50 et 51.)

30°. — Le bon conduite, le coutume cruel, un méthode universel, un occasion pareil, le tête fou, le pâte mou, le gloire éternel, le couronne immortel, le loi nul, un vache gros, un fête solennel, le vieil castille, l'ancien picardie, un couleur vermeil, un bel cour, un fille jumel.

31°. — Un population chrétien, un tribu plébéien, un force herculéen, un plaisanterie bouffon, un chair mou, un jument gros, un taille mignon, un voyelle muet, un fille poltron, un tante huguenot, un cousine vieillot, le vigne bas, un adresse fripon, un coutume breton, un femme gascon.

32°. — Un manière gentil, un femme douillet, un recommandation exprès, un réponse net, un fille niais, un mauvais pensée, un tête ras, un personne discret, inquiet, un fille paysan, un population concret, un fille cadet, un nation européen, le comédie nouveau, le pensée beau, un vieux tante.

ADJECTIFS EN C.

(Gramm., N° 52.)

33°. — Un plume blanc, un personne franc, le langue franc, le terre sec, le saison frais, le santé caduc, le place

public, le nation grec, le flotte turc, le tête blanc, le
volonté franc, un affaire public, un tante caduc, un armée
grec, un cave frais, le nourriture sec.

ADJECTIFS EN F.

(Gramm., N°. 53.)

34°. — Le personne actif, un foi vif, un parole bref,
un fille naïf, le plante tardif, un femme veuf, le poésie
fugitif, un tisane détersif, un réponse négatif *ou* affirmatif,
le proposition conjonctif, le faute grief, le vie sauf, un
écolière craintif, un cravate neuf, le puissance exclusif,
le procédure abusif.

ADJECTIFS EN X.

(Gramm., N°. 54.)

35°. — Un épouse vertueux, un réponse orgueilleux, le
vertu malheureux, un commère ennuyeux, le conduite
courageux, un sévérité odieux, un courtisane ambitieux,
un amie généreux, le tigresse furieux, un âme soupçonneux,
un opinion faux, un vache roux, un pluie doux, un femme
jaloux, un donation préfix, un fille vieux.

ADJECTIFS EN EUR.

(Gramm., N°. 55.)

36°. — Le parole trompeur, un fille flatteur, un âme
pécheur, un pensée consolateur, un preuve accusateur,
un femme imitateur, un fille enchanteur, un imagination
créateur, un loi protecteur, un femme adulateur, un fille
ambassadeur, un dame inspecteur, un personne examinateur,
causeur, cultivateur.

37°. — Un lettre postérieur, antérieur, un gamme majeur,
mineur, un femme défendeur *ou* demandeur, un anglaise
boudeur, un maîtresse grondeur, un portière parleur, un
flamme vengeur, un place intérieur, un opinion approba-
teur, un femme devineur, spéculateur, un femme bienfai-
teur, un fille acteur, compositeur, auteur.

ADJECTIFS QUI FORMENT EXCEPTION A PART.

(Gramm., N°. 59.)

38°. — Le malin envie, un voyelle long, un fièvre bénin,
un feuille oblong, le matière dissous, le personne coi, le
tiers-partie, un fille favori, un pénitente absous, un méthode

long, un intention malin, l'âme bénin, le sultane favori, le chambre dissous, un terre oblong.

FORMATION DU PLURIEL.

(Gramm., Nos. 57 à 62.)

Corriger les fautes conformément aux règles.

39°. — Les amis sûr, les hommes fidèle, les enfants naïf, les étoffes noiré, les couleurs verte, les filles dévoué, le *ou* les poulets gras, le *ou* les chats gris, le *ou* les chiens gros, un *ou* des coqs roux, un *ou* des poulains doux, un *ou* des garçons joyeux, les beau livres, les cidres nouveau, les hommes fou.

40°. — Des yeux bleu, des amis mou, des contes moral, des instants fatal, des débuts théâtral, des parents loyal, des amis déloyal, des vents glacial, austral, des péchés capital, des princes libéral, des adjectifs verbal, des remèdes pectoral, des ouvrages original, des historiens partial, des peuples méridional, des biens rural.

41°. — Les liens social, des codes pénal, des conseils amical, des combats naval, des ouvriers matinal, des biens dotal, des jeux floral, des frais préjudicial, des sons nasal, les comptes égal, les édits royal, impérial, des écrits original, des juges impartial, des exercices grammatical, les points cardinal, les tons final.

ACCORD DE L'ADJECTIF AVEC LE NOM.

(Gramm., Nos. 63, 64 et 65.)

42°. — Un grand homme, une grand femme, un petit jardin, une petit cour, le frère gai, la sœur chéri, un pays froid, une contrée froid, des amis imprudent, des filles poli, des rêves charmant, des comédies plaisant, des cachots obscur, les chambres noir, la rose et la tulipe éclos, cueilli, fané, effeuillé.

43°. — Un manteau et un habit nouveau, le roi et le berger égal, une table et une armoire neuf, un pantalon et un gilet blanc, le frère et la sœur vif, une chatte et une chienne caressant, le pain et le cidre nécessaire, la colline et la vallée ombragé, le chameau et le dromadaire bossu, la pie et le perroquet bavard, les bras et les jambes engourdi, la bouche et les yeux ouvert.

RÉCAPITULATION DES DIFFICULTÉS SUR L'ADJECTIF.

Traduire au pluriel après avoir corrigé les fautes.

44°. — La nation belliqueux, la savant découverte, une femme charmant, gai, enjoué, jovial, la lèvre vermeil, le mari soupçonneux, jaloux, brutal, la femme soupçonneux, jaloux, brutal, la voix fort, bref, vibrant, saccadé, sonore, la plaisanterie déplacé, grossier, niais, un nerf nasal, un son nasal.

45°. — Une belle prière récité, une fille menteur, délateur, une justification personnel, important, soutenu, diffus, le point fondamental, le bien dotal, le pays austral, le cheval fougueux, une personne grondeur, supérieur, spoliateur, l'analyse grammatical, raisonné, minutieux, la leçon appris, oublié, reconnu essentiel.

46°. — La ponctuation faux, critiqué, le beau jonc, l'œil bleu, le vieux maréchal, le discours brutal, le sirop tonique, miellé, pectoral, le beau bocal, la voisine flatteur, corrupteur, immoral, la fille doux, faux, séditieux, républicain, emporté, aux paroles malin, enclin au mal, la tête ras, tondu, la coutume picard *ou* breton.

47°. — Une parole bouffon, une femme gascon, un juge bourru, impartial, original, la malin observation dénigré, la fête patronnal, solennel, un sentiment biscornu, hardi, animé, vif, indépendant, une salle bas, étroit, carré, vieux, humide mal-sain, un dîner frugal, copieux, un général impartial.

48°. — Un déjeûner gai, restaurant, un four banal, une personne vil, mou, voluptueux, une lumière vif, rayonnant, azuré, un principe libéral, un devoir conjugal, la flamme vengeur, le chant national, une robe long, traînant, bleu, une pénitente confessé, absous, un canal ouvert.

49°. — Le chant théâtral, le cheveu noir, le joujou brillant, une discussion continuel, animé, vif, protecteur, une pluie battant, épais, bienfaisant, une femme gras, gros, vermeil, une opinion erronné, subversif, la statue grec, brûlé, la flotte turc, vaincu, emmené prisonnier, le métal dur, le bétail nombreux.

50°. — La troupe victorieux, martial, aguerri, un conte moral, récréatif, amusant, une femme débiteur, accusa-

teur, dilapidateur, une vieux demoiselle débiteur de mauvais nouvelles, une raison positif, certain, rationnel, ap-
prouvé, le caporal brutal, la belle rose épanoui, effeuillé,
la noir mélancolie guéri, la vie débauché, luxurieux,
blamé. .

51°. — La sultane favori, enjoué, tout-puissant, la fille
idiot, niais, hébété, l'homme matinal, ingénieux, le combat
naval, effrayant, meurtrier, un verbe anomal, pronominal,
l'école mutuel, la méthode universel, une femme partisan,
orateur, témoin, la nation européen, guerrier, l'affaire
franc, loyal.

52°. — Une maison neuf, blanchi, approprié, loué, une
mauvais conduite désapprouvé d'une manière général, une
fleur artificiel, fané, ta vieux routine, redressé, aboli, la
loi protecteur, précis, voté, promulgué, exécuté, la tulipe
blanc, frais, une donation préfix.

53°. — Un effet commercial, refusé, le rivage méridional,
inabordable, un nouveau madrigal, la langue franc, diffi-
cultueux, une grammaire grec ou latin, le vent boréal,
vif, une femme roux, faux, vieux, radoteur, vindicatif,
veuf, un beau cierge pascal, une affaire sérieux devenu
public, une promesse franc, loyal.

54°. — Une lettre postérieur ou antérieur, un remède
cordial, purgatif, une fièvre benin, intermittent, la parole
doux, malin, une femme craintif, superstitieux, le feu
incandescent, vif, une dame inspecteur, bienveillant, vigi-
lant, instruit, doué d'une bel voix, une charge public
onéreux vendu, un héritier collatéral.

55°. — Une âme pécheur, purifié, le neveu loyal, le conseiller municipal, une femme devineur, maître, traître,
une ordonnance royal, protecteur, la feuille quotidien,
public, commercial, le journal hebdomadaire, instructif,
l'œil bleu, une colonie grec, industriel, une pluie doux,
vivifiant.

56°. — Un palais épiscopal, une faute absous, racheté,
un vent glacial, un son nasal, un bien communal, la chambre
et le cabinet obscur, la hyène et le tigre cruel, la colère
et l'orgueil odieux, une robe et un habit nuptial, élégant,
le paysan et la paysanne actif, l'oreille et la voix faux,
discordant.

57°. — La colline et le vallon ombragé, frais, un détail
trivial, le tour grammatical, un conte moral, un terrain

inégal, un moyen illégal, une demande formel, refusé, la chambre dissous *ou* prorogé, un aliment végétal, nutritif, un pays septentrional.

58°. — Une captivité perpétuel, dur, un drame et un roman vif, amusant, la poire et la nèfle mou, sucré, la loi et la coutume exprès, reconnu, suivi, la procédure et l'acte nul, le frère et la sœur égal, jovial, une gelée et une compote excellent, rafraîchissant, un nerf nasal *ou* brachial, une force herculéen, brutal.

59° — Une petit fille craintif, vertueux, réservé, un son initial, labial, un conseil amical, une femme solliciteur, opérateur, vindicatif, inquiet, un cierge pascal, un végétal nutritif, un lien social, une femme meurtrier, une haine perpétuelle, un ton final, un instant fatal, un collége électoral, une fille resté coi.

ADJECTIFS POSSESSIFS.

(Gramm., N°*. 69 et 70)

Mettre *mon, ma, mes, ton, ta, tes, son, sa, ses,* etc , devant les noms suivant le genre, le nombre et les initiales.

60°. — père, — mère, — frère, — sœur, — mouchoirs, — papiers, — habit, — honneur, — héritier, — habillement, — amour, — armoires, — acte, — agrafe, — enclume, — chanvre, — canton, — éloges, — intervalle, — onglée, — stalle, — paraphe, — idole, — écho, — encriers, — équivoque, — hameçon, — boutiques, — soufflet.

61°. — habitude, — harpe, — cousines, — tante, — histoire, — hache, — haine, — honte, — hotte, — fils, — houlettes, — hommage, — tableaux, — pantalons, — nez, — oiseau, — vache, — omelette, — yeux, — journal, — glaire, — rave, — ordre, — orge, — omelette, — poutre, — four, — maison, — charrette.

ADJECTIFS DÉMONSTRATIFS.

(Gramm., N°. 71.)

Mettre *ce, cet, cette, ces,* devant les noms ci-après, suivant le genre, le nombre et les initiales.

62°. — livre, — papier, — plume, — encre, — honneur, — homme, — parents, — passions, — voisine, — statue, — crayons, — plumes, — échaudé, — épisode, — tibia, —

amabilité, — effigie, — aqueducs, — artifice, — garçons,
— éclair, — étage.

63°. — épreuves, — mœurs, — caractères, — émétique,
— stalle, — épiderme, — ongle, — blés, — source, —
hotte, — haricot, — qualité, — héros, — mur, — huppé,
— hydromel, — hypothèque, — hydre, — arrhes, —
ordre, — orgueil, — nacre.

DU PRONOM.

PRONOMS POSSESSIFS, DÉMONSTRATIFS ET RELATIFS.

(Gramm., Nos. 91 à 95.)

Corriger les fautes des adjectifs et des pronoms, et ensuite
traduire au pluriel.

64°. — Ta cousine est (1) naïf, spirituel, le mien est vif,
enjoué. Cette plume blanc est le tien, celui-ci est le sien. Ce
jardin est la nôtre, celle-ci est la vôtre. Sa maison est plus
beau que le mien. Cette propriété est le leur, celui-ci est le
nôtre. Ton habit est neuve, la mienne est vieille. Sa redingote est grand, le vôtre est petit. L'homme à laquelle.....
la femme auquel..... le livre de laquelle.....

65°. — Cette voiture est le nôtre, celui-là est le vôtre. La
porte auquel..... Ce cabriolet est la tienne, celle-ci est la
mienne. Le couteau de laquelle..... Ton frère est hardie, ta
sœur est peureux; celle-ci est louée, celui-là est méprisé.
Le jardin à laquelle..... Ma casquette est plus frais que le
tien. Ta montre est plus orné que le sien. Notre cour est
moins étroit que le leur. Votre forêt est plus étendu que
le nôtre.

66°. — Ta plume est meilleur que le mien. Sa sœur est
plus grand que le tien. Son cheval est plus beau que la leur.
Cette prairie est le tien et non le sien. Votre cousine et ma
sœur sont craintif, honteux, discret. Son idée est plus sain
que le tien ; celui-ci est logique, celui-là est extravagant.
La loi sous lequel..... la joie avec lequel..... la personne aux
soins duquel.....

____

(1) Le mot *est* fait *sont* au pluriel.

DU VERBE.

LE VERBE AVOIR ET LE PRONOM PERSONNEL.

(Gramm., N°°. 78 a 90 et 143.)

Mettre le pronom devant le verbe.

TEMPS SIMPLES.

67e. — J'ai faim. Tu as peur. Il a soif. Elle a tort. Nous avons pitié. Vous avez besoin. Ils ont horreur. Elles ont compassion. — avais coutume. — avait raison. — aviez souci. — avions permission. — avaient froid. — eus envie. — eut peine. — eûmes souvenance. — eurent connaissance. — eûtes ordre. — aura raison. — auras droit. — aurai faim. — auront tort. — aurez faim. — aurons compassion.

68e. — aurais chaud. — aurait soif. — auraient soin. — aurions compassion. — auriez coutume. Que — aie regret. Qu' — ait confiance. Que — aies patience. Que — ayez contre-ordre. Qu' — aient peur. Que — ayons chaud. Que — eusse peine. Que — eusses regret. Que — eussions horreur. Que — eussiez foi. Qu' — eussent besoin. Qu' — eût pitié.

TEMPS COMPOSÉS.

69e. — ai eu compassion. — as eu pitié. — a eu tort. — avons eu connaissance. — avez eu ordre. — ont eu honte. — eus eu envie. — eut eu horreur. — eûmes eu besoin. — eûtes eu peur. — eurent eu chaud. — avait eu faim. — avais eu besoin. — avaient eu contre-ordre. — avions eu du profit. — aviez eu patience. — aurai eu peur. — auras eu répugnance. — auront eu pitié. — aurons eu compassion. — aurez eu froid.

70e. — aurait eu faim. — aurais eu profit. — auraient eu du chagrin. — auriez eu besoin. — aurions eu patience. — eusse eu horreur. — eusses eu peur. — eussions eu pouvoir. — eût eu pitié. — eussiez eu ordre. — eussent eu froid. Que — aie eu raison. Que — aies eu tort. Qu' — ait eu compassion. Que — ayons eu compassion. Que — ayez eu profit. Qu' — aient eu contre-ordre. Que — eusse eu connaissance. Que — eusses eu peine. Qu' — eût eu pitié. Que — eussiez eu de la peine. Que — eussions eu foi. Qu' — eussent eu soif.

LE VERBE ÊTRE ET LE PRONOM PERSONNEL.

(Gramm., Nos. 73 à 90 et 144)

Mettre les adjectifs masculins au féminin, après avoir fait les exercices comme au verbe *avoir*, et après avoir corrigé les fautes.

TEMPS SIMPLES.

71°. — Je suis picard. Tu es prudent. Il est spirituel. Elle est craintif. Nous sommes discret. Vous êtes savant. Ils sont sensé. Elles sont gras. — étais poli — était vif. — étions musicien. — étiez veuf. — étaient jaloux. — fus inquiet. — fut malin. — fûmes impartial. — fûtes honteux. — furent témoin. — seras bavard. — serai bon. — sera muet. — serez libéral. — serons prompt. — seront coi.

72°. — serais favori. — serait impartial. — serions général. — seraient capricieux. — seriez partial. Que — sois hardi. Que — soyons égal. Qu' — soit acteur. Que — soyez conseiller municipal. Qu' — soient orateur. Que — fusses colporteur. Que — fusse boudeur. Qu' — fût dangereux. Que — fussions devin. Que — fussiez cabaleur. Qu' — fussent persécuteur.

TEMPS COMPOSÉS.

73°. — ai été heureux. — as été poltron. — a été vainqueur. — avons été égal. — avez été chanteur. — ont été complaisant. — eus été conservateur. — eut été boudeur. — eûmes été vendeur. — eûtes été enchanteur. — eurent été meilleur. — avais été courageux. — avait été franc. — avions été soupçonneux. — aviez été naïf. — avaient été bref. — aurai été veuf. — auras été faux. — aura été bouffon. — aurons été dévot. — aurez été immoral. — auront été veuf. — ai été bouffon. — as été protecteur. — avaient été calomniateur. — aurez été menteur.

74°. — aurais été cruel. — aurait été franc. — aurions été noir. — auriez été nul. — auraient été méchant. — eusse été généreux. — eusses été vénal. — eût été vindicatif. — eussions été peureux. — eussiez été galant. — eussent été matinal. Que — aie été coquet. Que — aies été ambitieux. Qu' — ait été mou. Que — ayons été benin. Que — ayez été absous. Qu' — aient été berger. Que — eusse été prisonnier. Que — eusses été léger. Qu' — eût été traître. Que — eussions été maître. Que — eussiez été net. Qu' — eussent été dispos.

VERBES RÉGULIERS DE LA PREMIÈRE CONJUGAISON.

(Gramm , N°. 148)

Corriger les fautes conformément aux règles (1).

75°. — Je chantes, tu marche, il consacres, elle brodes, nous aimons, vous contracté, ils cherche, elles jeûne. Je gagnait, tu agrafait, il extravaguais, nous consolions, vous enrolié, ils récoltait. Je travaillé, tu aidat, il erras, nous éclairame, vous enseignate, ils cabalere.

76°. — Je souhaiteré, tu apaisera, il apostropheras, nous saigneront, — vous déclameré, ils décamperons. Je haranguerè, tu danserait, il appréhenderais, nous dateriont, vous broderié, ils déracinerait. Arrêtes, assembles, décampes, luttont, rajustont, voituré, refusé.

77°. — Que je calcules, que tu applique, qu'il attrappes, que nous arguiont, que vous rasié, qu'ils culbutes. Que je narrasses, que tu remarquasse, qu'il embrasat, que vous embarrassassié, que nous occupassiont, qu'ils chevauchasse.

SECONDE CONJUGAISON.

(Gramm , N°. 157.)

Corriger les fautes conformément aux règles.

78°. — Je subit, tu affaibli, il anoblis, nous établisson, vous ennoblissé, ils faiblisse. Tu assombrissait, il affranchissais, je travestissait, nous fléchissiont, vous blanchissié, ils rafraîchissait. Nous réfléchime, vous adoucite, je rougit, tu éclaircit, il endurcis, ils noircire.

79°. — J'obscurciré, il rétréciras, tu radoucirat, nous abalourdiront, vous agrandiré, ils applaudirons. J'arrondirè, il bondirais, tu dégourdirait, nous enhardiriont, vous grandirié, ils regaillardirait. Obéi, désobéisson, assujettissé, raffermi, reunisson, raidisson, saisi.

80°. — Que je bouffisses, qu'il agisses, que tu élargisse, qu'ils rougisse, que nous aigrissiou, que vous maigrissié. Que nous languissiou, qu'ils trahisse, que tu envahisse, que vous abolissié, que je bannisses, qu'il adoucit.

---

(1) Les Maîtres doivent faire apprendre par cœur aux élèves, le tableau synoptique de la terminaison des Verbes, N°. 429 de la Grammaire.

TROISIÈME CONJUGAISON.

(Gramm., N . 161.)

Corriger les fautes conformément aux règles.

81°. — Je concoi, tu recoit, il apercois, nous percevon, vous devé, ils redoive. Je devait, il concevais, tu apercevait, ils percevait, vous devié, nous redevion, tu recu, il concus, je percut, nous dumes, vous apercute, ils redure. Je percevré, il devras, tu concevrat, ils redevrons, vous apercevré, nous recevront.

82°. — Nous apercevrion, ils concevrons, vous recevrié, tu devrait, il redevrè, je percevrait, tu concevrait. Concoi, percevon, recevé. Que tu doive, que je recoives, qu'il apercoives, qu'ils percoives, que nous concevion, que vous redevié. Que j'apercusses, que tu concusse, qu'il dut, que vous redussié, que nous percussion, qu'ils percusse.

QUATRIÈME CONJUGAISON.

(Gramm., No. 165.)

Corriger les fautes conformément aux règles.

83°. — Je répand, tu épand, il perd, nous attendont, vous défendé, ils vendes. J'attendè, nous descendion, vous entendié, tu condescendait, il fendais, ils étendait. Je pourfendit, tu prétendit, il pendis, vous redescendite, vous refendite, ils retendire, que je moulusses, qu'il émoulut, que tu remoulusse.

84°. — Je revendré, nous sous-entendron, ils survendrons, tu suspendrat, il tendras, vous confondré. Je vendrait, nous fondrion, tu correspondrait, il refondrais, vous retordrié, ils répondrait. Mord, détordon, démordé. Que je tordes, qu'il remordes, que tu retorde, que nous cousion, qu'ils découse, que vous décousié, que nous remoulussion, qu'ils perdisse, que vous vendissié.

VERBES EN CER.

(Gramm., No. 143)

Corriger les fautes conformément à la règle.

85°. — Tu agacait, ils annoncait, j'amorcai, nous avancame, vous cadencate, il balancat, nous dénoncont, tu déplaca, effacon, que tu énonca-se, qu'il épicat, que nous exercassion, qu'ils exaucasse, tu ensemenca, il prononcais, vous tracate, nous lancon, ils transpercait, je remplacait, vous prononcate, nous grimacame, sucon, qu'il rapiécat, que nous froncassion.

VERBES EN GER.

(Gramm., N°. 149.)

86e. — Tu manga, il adjugais, nous arrangon, ils changait, vous dégagate, nous délogame, il diriga, émargon, qu'il ravagat, que nous soulagassion, qu'ils voyagasse, que vous partagassié, ils fourragais, tu épongat, nous logons, vous nagate, jugon, j'obligait, il neigat, nous surnagame, il présagait, nous regorgont, voltigon, que je délogasses, que tu forgasse, que nous dirigassiont.

VERBES EN ELER, ETER.

(Gramm., Nos. 150 et 151.)

87e. — J'amonceles, tu attele, il carreles, ils chanceles; nous amoncellon, vous chancellé, tu attella, que je niveles, que tu épele, qu'il morceles, qu'ils harceles, que nous épellon, que vous morcellassié, elles dételes, démantele, ils gromelerons, je ressemelerait, nous renouveleront, tu déficelerait.

88e. — Tu renouvella, nous détellon, tu rappelerat, nous écarteleront, je bourreles, tu décarrele, il déceles, qu'ils marteles, elles pelerait, appellon, tu jete, je cachetes, il briquete, elles caquete, nous jettou, vous cachetté, projetton, elle caqueteras.

89e. — Je décacheteré, tu dépaqueterat, il fureteras, nous projeteront, vous rejeterié, ils souffleterais, tu mugueterait, époussetes, que je rempaquetes, tu tachete, il se colletes, qu'elles rapiécetes, qu'ils banquete, tu halette, que vous dépaquettié, que je crochetes, j'étiqueteré.

VERBES EN ÉDER, ENER, ESER, EVER, ÉGER, ETC.

(Gramm., N°. 151.)

90e. — Je cedes, tu enleve, il végetes, ils réflete, nous cedons, vous végeté, elles regnes, tu inquieterat, il interpreteras, nous réveleront, vous peseré, elles acheverons, nous celeront, vous révelerié, j'ameneré, qu'il hele, inseres, tu protege, que j'abreges, ils assiege, je considérait, tu reglerait, ils pénetrerait, je legueré, tu procedera.

VERBES EN IER, YER, ÉER, OUER, UER, ETC.

(Gramm., Nᵒˢ. 152 à 156.)

91ᵉ. — Présentement : nous coloriion, vous communiié, nous copiion, vous criié, nous déniion, vous dépliié. Hier : nous priion, vous épié, nous fortifiion, vous injurié, nous glorifiion, vous justifié ; que nous oubliion, que vous psalmodié, que nous publiion, que vous remédié, que nous suppliion, que vous vérifié.

92ᵉ. — Aujourd'hui : nous payion, vous balayié, nous côtoyion, vous déployié, nous appuyion, vous essuyié. Hier : nous égayon, vous essuyé, nous ployon, vous giboyé, nous ennuyon, vous désennuyé, que nous déseurayon, que vous frayé, que nous relayon, que vous coudoyé, que nous rudoyon, que vous tutoyé.

93ᵉ. — J'agré, tu cré, il maugré, ils procrérons, il désagréras, qu'ils se récré, vous suppléré. J'argue, tu argurat, nous tuiont, vous suié, nous clouion, vous désavoue, que nous jouiont, que vous renouié, nous louion, vous diminuié, que nous instituion, que vous ponctuié.

94ᵉ. — J'envoyes, tu effraye, il appuy, elles raie, je côtoyeré, il essuyeras, tu étaierat, vous larmoyeré, ils balaieront, nous nétoyerions, tu égaierait, je guerroyerait, il ennuyerais, nous enraieront, vous tutoyerié, ils effrayerait, octroye, que je déblaies, que tu rudoye, qu'il bégaies, qu'ils remploye.

95ᵉ. — Je louré, tu joura, il priras, elle nirat, nous secouront, vous trouré, ils enclourons, je certifirait, tu crirait, il nourais, nous désavouriou, tu glorifira, tu estropirat, nous déliront, vous édifiré, ils expédirons. Je turait, tu restiturait, il échourais, vous saultre, nous chautriont, ils clourait.

VERBES IRRÉGULIERS.

(Gramm., Nᵒˢ. 193 a 210 et 225.)

Corriger les fautes conformément aux règles

96ᵉ. — Je vai, tu va, il vas, j'envoéré, tu renvoéra, nous renvoéront, ils envoérait, j'acquers, tu conquérira, nous requeririon, tu bou, il bouillera, je cour, qu'il meurt, je couriré, tu parcourira, nous cueilliron, vous recueillirié, ils s'enfuye, que je vêt, tu mourira, il mourirais, qu'ils fuye, nous alleron, tu allerait,

97°. — J'acqueri é, tu ser , il par , tu tien , ils vient , que je convient , qu'ils soutiene , j'assailliré , tu tressaillirait , je sor , tu fui , par , sor , tu ment , il cours , que j'alles , qu'ils alles , tu assai lissait , elles acquere , que nous fuyons , il vêtera , tu défaillissais , qu'ils fuye , qu'ils soutiene.

98°. — Je m'assoit , tu t'assoit , il se rassoit , j'assoiré , il s'assoirais , je déchoiré , tu déchoirait , que je déchoyes , que vous déchoyé , il échoiras , ils échoirait , je déchoit , qu'il fa le , je meux , tu émeux , nous mouveron , tu émouverat , il s'émouverais , que je mouve , que tu émouve , il pleu , il pleuvera , je pourvoi , tu pourverras , que nous pourvoyon.

99°. — Je voi , nous voiron , que nous voyon , je sai , tu sait , il sais , que je save , que vous savié , sai , je saveré , vous saverié , je vau , tu vaut , il équivaux , que je valles , qu'il valle , je valeré , tu valerait , il équivalera , qu'ils voye , que je revoyes , je prévoi , tu prévoit , vous préverré , que nous prévoyon , je veu , tu veut , il veut , ils veuilles , je vouleré , que je veulles , qu'ils veules.

100°. — Je peu , tu peut , il peux , tu pouvera , ils pouverait , que je pouve , que nous pouvons , asseoyé-vous , j'absou , tu absoudera , tu bat , vous batteré , je boi , tu boit , il bois , que je buves , que tu buve , qu'il buve , qu'elles buves , j'écri , tu résoud , clo , tu clorerat , conclue , je confi , il couderas , tu confiera , vous disez , vous redisez , vous interdite , vous prédite , je joind , tu craind.

101°. — Tu joindera , vous crainderé , il vainquera , qu'ils croye , que nous croyon , je vainc , il vaint , tu convains , je prend , ils comprene , qu'ils suspens , je ris , tu sourit , que nous riop , que vous sourié , tu joind , je fai , tu faira , il satisfaira , vous faisez , qu'ils traye , que je faise.

102°. — Je plainds , que nous faision , refaisez , contrefaisez , cous , mous , absoud , résoud , joind , craind , vi , romp , vainc , trai , plaind , plai , prend , que nous trayon , il naîtrera , nous plainderon , que je surpriene , sui , li , perd , tond , vend , met , je metterai , il comprenderas.

103°. — Que j'alles , qu'ils allent. Je renvoérai , que tu envoye , tu bous , nous cueilleront , tu couvre , ils fuyes , qu'il s'enfuit , tu revêtera , soi , par , vête toi , assi-toi , tu équivaut , que je save , que tu peuve , je moud , tu rompt , suit-moi , trait , qu'ils comprennes , résous-toi , rit , vain , fesez , disez , tu joindera , il naquis , boit , tor , qu'ils fit , que nous écrivassion , qu'ils ait , qu'ils exclut.

EXERCICES SUR LES NOMS, LES ADJECTIFS, LES PRONOMS ET LES VERBES.

(Gramm., Nos. 29 a 225.)

Corrigez les fautes conformément aux règles.

104°. — Ma cousine Honorine as une voix harmonieux, enchanteur, sa sœur cadet se mari, sera-elle heureux? Elle a de beau œil bleu. Cette bon mère cherie ces enfant; elle épit leurs désir, elle les aimes tendrement. Mon ami, tu sera estimé si tu travaille; soi respectueux et ai de la complaisance. Léontine et Laurette sont rentré inquiet; elles serait content et satisfait de savoir où tu est.

105°. — Philadelphe jou bien, il etudit mal; tu ne sait pas les ruses effronté qu'il employ pour faire ces devoirs; il les copis sur ceux de ces camarade : il hut les passant; il jete des cailloux dans les ormeaus, et sur les chevals qui passe dans les chemin vicinals. Les sapajou plaît; les genou plit. Léopold chancele dans les entreprise qu'il projete.

106°. — Rodolphine gémie de la conduite scandaleux que tu tient; elle avou qu'elle t'aimes; revient de ton erreur. Tu l'invitera à venir et tu la prira de rester à la fête patronnal. Ma cher ami, tu est resté coi dans ta petit chambre, tu a bien fait. N'est-tu pas la favori de ta maîtresse. Nous vous voyons tandis que vous criez au secours.

107°. — Louis étudit la grammaire grec; il sait déjà la langue latin. Tu voyaga dans les pays méridional, en rapporta-tu des choses curieux? Ces cheval mus; ils muront encore plus au printemps. Tu coudoy ton ami, convien que tu a tort. Tu veut me tromper; mais je t'épi et te surprenderai. Tu m'intia dans ces science secrets et je les connut. Je tu des perdreau, tu tura des lapereau.

108°. — Je combatterai tes rival; tu combattera les mien. Achettes mes joujou; ils sont beau et nouveau. Vous protégate les veufs et les orpheline, vous fites bien. Ces maréchal ne forgait que des essieu. Les soldat ravagait les chateau par où les général les forçais de passer. Nous glorifions le nom du Seigneur lorsque vous riez à gorge déployé.

109°. — Tu vit les enfant de ta sœur aîné, tu les caressat, tu leur donna des image doré. Vous vous tutoyez à l'école normal, pourquoi ne vous tutoyriez-vous plus aujourd'hui? Je m'aperçoit que l'œil du maître nous apercois, l'apercoi-tu?

Tu boi les liqueurs spiritueux que je vend, tu te fait mal. Ce chiens abois, il mort les voyageur; tu-le, il n'aboyra plus, et il ne mordera plus.

110e. — Je vous pai d'avance, afin que vous defrayez mes domestique. Je t'envoi ces soliveau pour que tu étaie la vieux poutre qui plit, et dont le mauvais état effrait tous ceux qui la voit. Ces eau bourbeux se clarifiront. Dieu veux que les enfant honores, estimes, respectes les auteurs de leurs jours. Je joind mes fervent prière aux siens, joind-y les tiens.

111e. — Ces générals pacifiront leur pays; pacifirez-vous la vôtre. Mon fils, je craind le Seigueur; craind-le toi-même, et plaind celui qui ne le crains pas. Satisfésez aux obligations nombreux que vous contractate. Ne contredite donc pas vos amis comme vous le fesez. Tu cede à mes vœu, parce que tu sait que nous cederont aux tienne. Chéri et béni ta mère qui est veuf, aimes et soutient ton frère.

112e. — Ri si tu veut; mais sui mes conseils amical. Il fauderait que tu appris mieux tes leçon, pour que tu les repétas bien. Fait des effort pour que j'oubli tes faute passé; avou que tu a manqué et que tu t'en repent. Désavou les moyen immoral que tu employa; renis-les. Ces deux aïeu paternel remplir des place éminent. Je jourai aux carte, jous-y aussi.

113e. — Rejoint tes amis, suit-les. Nous agrérons vos loyal hommages. Cette gentil fille se noit, court la sauver et tu recevera une récompenses flatteur. J'apercu de beau acajou dans les lieu où nous nous reposame. Je vous salu, reine des Ange, vous êtes bénite par-dessus toutes les femme, le fruit de vos chaste et maternel entraille, est bénit. Tu éternu sans cesse, prend cette précieux poudres et tu n'éternura plus.

114e. — Lit cette lettres tandis que je lirai les cordon de mes soulier. Reli ton devoir et tu t'apercevera que tu oubli quelque chose. Tu contraiguit ta vertueux et benin sœur à partir, par tes procédé brutal, tu la força à quitter la maison paternel, et maintenant tu l'y rappele, voudera-elle revenir? tu en doute toi-mêmes. J'oubli les grossier injure que tu m'adressa; oubli ceux que tu recu.

115e. — Ces filou crochettes adroitement, ils crochetere mon secrétaire. Balai la cuisine, nous nettoyions la salle. Si vous décriez les conseiller municipal, on vous décriraient aussi. Nous suions sang et eau lorsque nous arrivame au débarcadère. Tu donnera des détail exact sur cette affreux catastrophe. Croi moi, mon ami, fui les bal et les mauvais société. Avou tes torts, j'avourai les miennes.

116*. — Sort et revien au plus tôt. Nous achettame de joli bambou que nous revendime fort cher. Les charron fabrique des moyeu. Meur s'il le faut, mon fils ; ne te plaint pas, sert ta patrie et sacrifi-lui ta vie. Je te renouvele mes protestation amical, tu me renouvella les tien que je cru sincère. Ces propriétaire brutal renouvelles les bail de leurs local à la Saint-André. Nous payons notre écot tandis que vous vous enfuyez, j'espere que vous pairez le vôtre plus tard.

117ᵉ. — Je turai des hibou qui sont des oiseau nocturne, je te les envoirai et tu les pendera à ta porte cocher. Prend de l'eau béme et fai le signe de la croix. Remu-toi dans cette affaire épineux et tu ne la perdera pas. Nous broyions des couleurs vifs, vous en broyrez aussi. Nous les broyons pendant que vous déliez les ballots d'almanachs que vous expédieres des libraire d'Amiens.

118ᵉ. — Quand je me rappeles les plaisants aventure que tu me rappellat, je ri beaucoup. Nous nous ennuyons pendant que nous voyagions dans les contrée septentrioual de l'Afrique français. Tu mange des pruneau confit, donne-en à ta sœur cadet qui les aimes beaucoup. Lorsque tu va à la promenade sur les côteau, tu prend ton couteau, tu déracine les plus beau plante que tu trouve, tu les offre à ta bonne mère, et tu revien content de ton excursions matinal.

119*. — Alexandre, le mari de ta cousine germain, te chargas de ses affaire, et tu parvint à mériter sa confiance. On amoncelleras des terreau dans ses troux, et l'on niveleras les inégalité du sol. Jérôme, percoit mes rentes et distribules aux familles les plus nécessiteux de nos hameau Nous commencons à voir que nous essairions en vain nos force herculéen. Je recachete la lettre oblong que tu décachetta ; je la renvoy à la poste.

120ᵉ. — On appele fleuve une rivière dont les eau sont considerable, et se jete directement dans la mer. Quoique ces jeunes gens ai des talent, ils ne réussisses à rien, ils végetes. L'année dernier, nous envoyon nos lettre par occasions, maintenant nous les envoyions par la poste. Vous n'employez plus aujourd'hui les matière que vous employez alors. Quand il vin nous faire ses adieus, nous, plions nos paquet. Il importe que vous envoyez, que vous expédiez vos marchandise bien empaquetté.

121. — Ces jeu-là nous égairons et nous récrérons. Crois-tu qu'on agré les beau offres. Il faut que tu envoye tes pièce immédiatement, afin que nous justifions ta créance. Ce sont là des travail qui récrés plus qu'ils ne fatigues. Tu déploira toute la vigueur que réclame les circonstances. Vous haissez le mensonge, disez-vous, je le hais également. Anatole, tu interprète mal les choses que je te di ; tu me fait de la peine, je voudera.t que tu les compris mieux.

122. — Il fauderais que tu ne nous ennuyas plus avec tes contes banal. Quand acheveia-tu tes travail ? Tu mit ta confiance en ces hommes partial ; ils en abusere étrangement. Aplanit ces terrains inégal. Nous fime des repas frugal qui nous rassasiere. Revien de ton erreur ; avou-nous que tu eut tort ; promet-nous que tu ne commettera plus de pareil faute. Adolphe, remet-moi les tableau que ta mère te donnas, on dit que tu les perdit dans tes course vagabond.

123. — Appréci les mal que tu te cré lorsque tu soutien le mensonge. J'acheiterai des cheval et des bétail, tu loura des terres productifs, et nous créons une métairie. Nos gouvernant relegnerout ces hommes déloyal et original dans des province lointain, d'où on ne les rappeleras jamais. Ces hommes jouit d'une force herculéen qui les ferais admirer dans les contrées européen. Rosalie feigne d'être fâché, et je lui fit des reproche qui lui fire verser d'abondants larmes.

124. — Ces bel fleurs s'epanouis dès que le soleil parais. Dans notre promenade matinal, tu cueillira des végetal ; tu en fera des sirops pectoral que tu distribura aux pauvre. La nature ne cré pas tous les homme égal en facultés. Si tu dédi ton cousin, il ne te dédira pas son livre. Nous devinions pourquoi vous riez si fort ; c'est parce que vous ne croyez pas ce que l'on vous disez. Asseoit-toi, met la main à l'œuvre ; coud tes bouton et ne te contrari pas.

125. — Vous niez la vérité tandis que nous prions pour vous. Les Russe ravagais nos bels province et se partagais nos riche depouille. Efforcons-nous de devenirs sage ; ménagons les heure précieux de la vie présent. et rappellons-nous que notre âme est immortel. Vous me disez souvent que la France fleurissais sous Louis XIV ; moi, je soutien qu'elle étais encore plus fleurissant sous Napoléon. Est-ce vrai que de votre temps les abricotiers florissait au mois de févrie ?

126. — Les agneau que tu élève sont beaus. Nous rencontraime dernièrement les louveteau que tu apprivoisa. Il es-

nécessaire que nous savions si les princesse étrangers relairont ici, afin que nous déployons tous notre luxes. Ces terres sout productifs ; plante-y des graines recherché. Tu les recueillira avec soin et tu les envoira à Amiens où tu les vendera cher. Joseph, tu projete l'entreprise que nous projettame, mes cousins l'avait déjà projetté.

127°. — Je tu les étourneau que tu tira hier et que tu manqua ; tu-en d'autres. Il faut que je croit sincèrement à ta bon foi pour que je te confit mes secrets que je ne confirait à personne. Confie ces bels prune, je confierai des amande. Pierre, tu redi toujours les mêmes chose : apprend que tu nous ennuit. Les tours grammatical que tu employa dans ta composition, me paraît banal. Envoy-moi ton fils ; si tu ne me l'envoy pas, il faudera que je t'envoy le mienne.

128°. — Cette homme se revête du manteau de l'hypocrisie ; il se résoud à la mort cruel que lui infliga la justice humain. Je peut te nuire, ton frère le peux aussi, mais il ne le ferat pas. Pourquoi li-tu si mal les paquets que tu m'envoye, je les reli tous. Lie ton livre, ie relit ma grammaire français. Ne mit jamais la vérité, souvien-toi que tu paraîtera devant Dieu qui te jugeras selon tes bons ou mauvais œuvre.

129°. — La victoire se balancais entre ses deux général, lorsqu'une légion valeureux s'élancat sur l'ennemi et enfonca son aile droit. Ne nous affligons pas des mal que la Providence nous envoit. Je vai à la chasse aux perdreau, va-y aussi. Ces hommes libéral ne prévoit pas les chagrins qu'ils se cré. Prend garde, ma fille ; car dans les roses fleuri que tu cueillira, il se trouvent des épine qui pourrait te causer de vifs douleur.

130°. — Nous nous vêtissons modestement ; vêtissez-vous de même. Saisi ces moineau de peur qu'ils s'enfuit. Son action bas et grossier décele une âme corrompu et vil. Fai ton devoir, ne craind pas ce que peuve dire les méchant. Di bonjour à Louise ; souri-lui ; tu voira qu'elle serat content. Les paresseux s'acquert des reproches ; acquiers-toi des éloge mérité.

131°. — Un père disais à son lit de mort : « Il faut que je meurs, je le sait ; mais auparavant, il faut que je voit mes enfant, que je les embrasses et que je leur donnes ma bénédiction paternel. » Nos bourreau nous garottere dans la crainte que nous nous enfuyon. Mon fils, je ne veut pas que tu te prévalle des connaissance positifs que tu acquert ;

si tu est homme , il ne te sié pas de mépriser tes semblable.

132ᵉ. — La grâce de J.-C. renouvele l'homme Il plu hier ; je crois qu'il ne pleuvera pas aujourd'hui. Je résouderai les question que tu me proposat ; résoud ceux-ci qui sont moins ardu. Jamais les méchant ne prévanderait sur les juste, si tous les homme pensait sainement. Ne me contredite pas; car je haït ceux qui, systématiquement, se plaît à contredire tout le mondes ; quand je voi de pareil gens , je conclut que, ne pouvant rien dire de bien, ils se targue de mépriser tout ce que dit leurs amis.

133ᵉ. — Si tu hante les enfant moral et matinal , tu acquérira l'estime des homme impartial et loyal. J'espere que tu suivera toujours une pareil conduite. Vaincons nos passion et nous viverons heureux. Nous nivelerons cette terre végétal et tombeux que tu nivella, pourquoi l'a-tu mal nivelle ? Nous voyagame dans les pays méridional , nous en rapportame des plantes médicinal qui sont d'excellent cordial. Les homme mouriront, la plupart comme ils véqure, avec leurs bons ou mauvais habitude.

134ᵉ. — A cette époque, les amandiers florissait en mars. Je m'apercoit que cette voix plaintif est très-caduc. Eugène, combat à coté de ton frère, sui son exemple. J'agré cette bel proposition; je croit que tu l'agréra aussi. Ces petits bambin jete des caillou aux moineau qu'ils voit voler. Il faudera que j'alle à Beauvais ; je prenderai un jour où je préverrai qu'il ne pleuvera pas. Voi, pauvre étourdi, tous les mals que tu te cré. Tu maugré de ce que tes camarade ne vient plus jouer avec toi.

135ᵉ. — Je croit qu'il faut que tes ami prend des précaution pour réussir; ils le comprend eux-même. Je songait cette nuit que je nagait dans une rivière profond. Je t'envoy mon fils pour que tu l'instruit; ai-en soin. N'émet pas d'opinions erroné; ne te prévaut pas de tes aïeu. Exclu de ta société les personne calomniateurs. Je vous écri afin que vous suppliez ma cousine de venir assister à nos offices patronnal, et que vous voulez bien lui faire oublier les reproche amical que je lui fit dernièrement.

136ᵉ. — On ne déli pas les liens conjugal. Tu me fait rire avec tes phrase brefs et mystérieux. Nous vous engageons à fuir les impies comme des peste public. Les factieux soudoit les homme déloyal ; mais nos soldats déployront leur valeur

accoutumé. Liez bien les gerbe de pamelle, afin que nous
ne les relions pas. Ces chien hargueux aboyrait beaucoup
plus fort si vous vous effrayez.

137e. — Quoique tes cousin t'ait manqué, ne leur en veut
pas. Je copirai ces exercice grammatical ; tu les copira aussi.
Soi brave, meur s'il le faut, mais vaint. Rédui tes ennemi
au silence, ri de leurs quolibet banal. Ne di jamais que ce
que tu sait avec certitude. Ces oiseau crit dans la nuit
obscur ; ils effrait les personne peureux. Je pressent que le
bon lot t'échoira, est-tu de mon avis? Trai la vache noir, je
trayerai la gris. Mon fils, pli plutôt, mais ne romp pas.

138e. — Remoud tes couteau, tandis que je couderai mes
bas. Plus tard, on déblaira les terreau que l'on amonceles
sur les chemin vicinal, du moins, ce sont les vœus des
conseiller municipal. Je te releverai si tu chancele, dans ta
route tortueux. Nous aliéneront nos héritage rurals. Je
vous leguerai, mon fils, une richesse bien plus précieux que
celles qu'on lègue aujourd'hui. La passion des jeu alteres
les bons mœurs.

139e. — Je lourai de beau cheval, tu les attelera à ma
petit voiture couvert. Accentu les mot que tu écrit, ortho-
graphi-les bien. Mon ami, parcour les vaste prairie émaillé
de fleurs qui ceint Amiens ; étudit les végétal qui y croît ;
cotoy les brillant vallée qu'arrose les eau limpide et bienfaisant qui vient se jeter dans la Somme.

140e. — Ces commis achevront leurs travail avec le préfet
avant qu'ils alles voir les début théatral de nos nouvel
actrice. Tu iras chercher ta cousine, tu l'amenera ici, tu
lui faira voir tes petits agneau, les joujou et tes robe neufs.
Eloi, tu te justifira auprès de tes juge impartial. Les maréchal se sert de travail pour ferrer les cheval fougueux.
Auguste, je te renvoirai les madrigal et les couteau que tu
m'adressa. Tu n'a plus de tabac, vas en chercher.

141e. — Je va tous les dimanche à la messe paroissial ;
va-y aussi. Nos troupe valeureux assailleront ces chateau-
fort, ils les prenderont. Cette marmite bou ; éteint le feu,
elle ne bouillera plus. Ces collatéral recueilleront la fortune
colossal de leurs vieux tante. L'homme qui sais dompter ses
passion honteux s'acquert un mérite infini aux œil de Dieu.
J'accourt de peur que vous vous ennuyez.

142e. — Victorine disais à sa bon tante : je vêterai ma
robe violet, lorsque tu viendera, et je la devêterai quand tu

t'en irat. C'est au printemps que les arbre se revêtisses de
feuille vert, à moins qu'il ne vient des gelée blancs. Je
cueille des tulipe fleuri: cueille-en aussi. Voilà des prune,
offre-en à ta sœur. Sort, mon fils, vien avec moi, suit leurs
armes meurtriers. Vêt-toi, tien, voilà ton gilet.

143e. — Je parcourirai les val, les côteau. Je bout d'ac-
quérir de nouveau connaissances. Nous admirames de beau
cierges pascal. Nous vous envoyons des rameau bénis lorsque
vous nous priez d'aller vous voir. Nous voirons bientôt
comment vous saverez vos leçon. Dans la plupart des jeu,
le prix échet aux plus adroit. Je ne m'asseoirai pas ici. Pourquoi ne vous assoyez-vous pas? Cette nouvelle pièce ne
vaudera rien.

144e. — Tu ne mouvera pas cette lourd pierre. Tu veu
imiter ton cousin, mais tu ne poura y parvenir. Les beau
discours émouves les auditeur; mais il faus que l'orateur
save se plier aux circonstance. Nous pourverrons à tout et
tu voira que tu réussira. Ne vous meuvez pas. Est-tu
homme, répond-moi. Cette fort maison déchoira bientôt
de son ancien renommée.

145e. — Mon billet échoiras à la Saint-Jean prochain.
Pour que tu peuve faire ta pièce, tu dois te lever matin. A
ses mot, il s'assoit, et savant que je suit un homme d'honneur, il me racontat son histoire. Ces enfant qui ne suit pas
l'exemple de leur père, se perderont infailliblement. Résoul
cette question et absoud tes camarade. Les blé que ce moulin
mont ne donnes pas une farine blanc. Tu croit que cet arbre
ne crois plus, tu est dans l'erreur.

146e. — Les petits poulet écloreront dans quelques jour.
Mon frère, écri-moi souvent, car je m'ennui. Apprend-moi
si Jules et Louis sont nommé instituteur communals. Mes
amis, ne faisez et ne disez aux autre ce que vous ne vouderez
pas qu'il vous fit, et qu'ils vous dit à vous-mêmes. Ses joueurs
déloyal se méprend à chaque instant. Celui qui ris de son
prochain mérite qu'on ri de lui.

147°. — Ces enfant comprend les conseil que leurs sou-
met leurs maîtres. Si nous croyons que ses criminel se fit
une loi de ne plus tuer, qu'ils voulut se soumettre aux loi,
nous leurs farions grâce. Vous nous donnate ces deux somme afin que nous soustrayons la première de la seconde. Je
te convains, je te convainquerai que le coupable n'es pas
heureux. Souri si tu veux de leurs contes banal, mais ne te
permet pas de les redires.

148e. — Ce que l'on dis, fui ; ce que l'on écris, reste. Je vains mes rival ; vaint les tiens. L'étude de la langue francais nous importe beaucoup, si nous la négligons, des désagrément sérieux en résulte pour nous dans l'avenir. Il neiga toute la soirée. Une foule de malheureux gisait sur la paille pourri, infect. Les corniche de cette façade saillisse trop. La plupart de ces victimes innocent était issu de familles noble.

149e. — Pourquoi ne secourute-vous pas ces voyageur qui défaillissait à vos œil ? Ci-git mes deux bons sœur. Ses homme se départisse de leurs prétentions exagéré. Mes ami, répartez cette somme entre les famille les plus nécessiteux. Repartissez au plus vite à votre poste. J'espere que tu ne nous faudera pas au besoin ; cependant tu faut souvent en voyage, tes aïeu faillissait aussi. Lorsque je vi ta vieux cousine, je m'aperçu que ces force faillissait sensiblement.

150e. — Le sang saillait de sa blessure avec impétuosité. Les tribunal de premier instance ressorte à leurs cour royal respectifs. Vous sortissez et vous rentrez à tous moment. J'entend que cette clause sorte son plein effet. Accourt le plus tôt que tu poura, et enquert-toi de ta cousine. Ma cher fille, endor-toi dans mes bras.

151e. — Prend garde de cheoir dans cette mare infect et bourbeux. Veut donc malheureux, et tu te sauvra. Mes camarade, ces manière hautain et insolent ne vous siet pas. Une conduite léger messié à tout le monde. Les vague de la mer en furie bruissait d'une manière effrayant. Les vent déchaîné bruit dans les épais forêt. De la déposition des témoin, il apparaîs que l'accusé n'es pas coupable.

152e. — La justice sursira à l'exécution du jugement. J'oui des menace infernal, qui ne m'effrayère pas. La plupart des fleurs éclos au printemps. Autrefois, on oindais les athlète pour la lutte. Je partirai dès que les premières lueur du jour poinderous. Ces deux ruisseau sourd des Vosges. Nos troupeau paitront dans ses contrée frais et délicieux. Même dispute avin entre ces deux femme revendeurs sur le Marché-aux-Herbes.

153e. — Si l'on t'envoy chercher, va-y de suite, car on envoérais une seconde fois. Si l'ennemi assaillissais notre armée, nous mourirrons plutôt que de fuir. En revêtissans les pauvres, vous leur renderez service. Je veut savoir si tes chevals sont aussi bon que tu le dit.

DU PARTICIPE.

LE PARTICIPE PRÉSENT.

(Gramm., N°s. 229, 230 et 231)

Corriger les fautes conformément à la règle.

154e. — Des bruits alarmant. Des bruits alarmant les esprits. Des enfants caressant. Des enfants caressant leur mère. Des paroles offensant la pudeur. Des paroles offensant. Une porte battant contre le mur. Une porte battant. Une posture suppliant. Des esclaves suppliant leurs maîtres. Des propos diffamant. Des propos diffamant la vertu.

155e. — Des eaux dissolvant. Des eaux dissolvant le fer. Une farce divertissant. Une farce divertissant les spectateurs. Une jeune fille éblouissant de blancheur. Une lumière éblouissant la vue. Une boisson échauffant. Une boisson échauffant la poitrine. Des discours édifiant. Des discours édifiant les auditeurs.

156e. — Des menaces effrayant. Des menaces effrayant les gens timides. La qualité endormant de l'opium. Des discours endormant les auditeurs. Une personne peu endurant. Une personne endurant des affronts. Des liqueurs enivrant. Des liqueurs enivrant les buveurs. Des filles aimant. Des filles aimant leurs parents.

157e. — Les feux tropicaux brûlant nos campagnes, sont des feux bien brûlant. Votre sœur est une personne accommodant ; nous la voyons toujours empressée et accommodant les affaires les plus épineuses. Elle inspire le plus tendre intérêt : on la voit si souffrant, si prévenant, si touchant et si peu tourmentant.

158e. — Cette réflexion embarrassant notre homme le rendit pensif. C'est une question embarrassant pour un élève. Toutes sont donc de même trempe, mais agissant diversement. Léonore et Lucie sont des personnes peu agissant. Les Français pillèrent des vaisseaux appartenant aux Anglais. Un bois avec les terres appartenant.

159e. — Je croyais voir des vipères rampant autour de moi. Ces hommes sont aussi rampant qu'ils ont été hautains. Les plantes sont devenues pour moi créatures vivant. Ces peuples vivant au milieu des bois, sont à demi-sauvages.

Nous vîmes nos voyageurs approchant du sommet de la montagne. Voilà une étoffe approchant de la nôtre.

160e. — Il obtint la main de cette fille, descendant d'un père illustre. Les Maures, descendant de leurs montagnes, ravagèrent l'Afrique. Ces sphères, roulant dans l'espace, semblent y ralentir leur cours. Les chars roulant gémissent sous leurs verts fardeaux. Une femme dépendant de son mari, sait se respecter. Une femme dépendant d'un mari, ne peut contracter sans son autorisation.

161e. — On voit la tendre rosée dégouttant des feuilles. Voyez ces feuilles dégouttant de rosée. Vois la sueur ruisselant sur son visage. Vois sa figure ruisselant de sueur. On voit des cordes pendant jusqu'à terre. Que font là tes bras pendant à tes côtés? Ces pauvres femmes allaient pleurant, gémissant. Elles emportaient dans leurs bras leurs enfants gémissant.

162e. — Ma sœur était pleurant et triste. Nous entendîmes les bombes éclatant avec fracas. Vois-tu la belle Zélie éclatant d'attraits. On voyait les cidres bouillant dans les cuves. Bouillant d'impatience, les héros brûlent de se montrer. Ces lettres, circulant dans la ville, ternirent la réputation de ce magistrat. La France était d'un sixième plus riche en espèce circulant.

163e. — Vous vîtes les bergers et les bergères dansant sous les ormeaux. On peignait les grâces dansant, et se tenant par la main. Connais-tu les tenant de cette propriété. Voilà une personne existant aux dépens d'autrui. Les savants se trompent en croyant la matière existant par elle-même. Ces hommes sont de vrais croyant. Les périls menaçant de nous atteindre se réalisèrent.

164e. — Son accueil était dur, ses paroles menaçant. C'est une race pensant, avide de connaître. C'est une personne pensant d'une manière judicieuse. Les pampres voltigeant s'unissent au lierre. Les ris, voltigeant dans les airs, écartent la foule profane. Entendez-vous la foudre grondant sur nos têtes. Le commerce a ses ports contre les vents grondant.

165e. — Nous rencontrâmes des dandys fumant dans la rue. Ils avaient les cheveux fumant de sueur. Ayez pitié des misères qui accablent les hommes vivant dans le monde. Ces deux garçons sont les vivant portraits de leur mère. On voit des jeunes gens veillant la nuit et dormant le jour. C'est une eau dormant. Ce sont des chassis dormant. Je vis ces hommes buvant à table. Les cabarets sont pleins de chantres buvant.

166. — On entendait des clameurs retentissant par intervalle. Des paroles retentissant. Voyez ces ombres fuyant,
dans ces jolis tableaux. Les chiens poursuivent les bêtes
fauves fuyant à travers les bois. Une eau blanchissant le
teint. La rive au loin blanchissant d'écume. Dans vos tableaux, rendez vivant et parlant, les personnages que vous
peignez.

DU PARTICIPE PASSÉ.

PARTICIPE PASSÉ SEUL OU ACCOMPAGNÉ DU VERBE ÉTRE.

(Gramm., Nos. 234, 235 et 237.)

Corriger les fautes conformément aux règles.

167e. — Une femme respecté, aimé et honoré. Des hommes instruit et considéré. Que de remparts détruit, que de
villes forcé. Les ennemis vaincu. Les robes fait. Les occupa-
tions interrompu. Les portes ouvert. Ces institutions ont été
recréé. Vos excuses sont agréé. Vos baux étaient expiré.

168e. — La rose et la tulipe épanoui. Que seraient devenu
tant de belles propositions. C'est à ce précepteur qu'est
confié mon éducation. Sa tête est appuyé dans ses mains,
ses regards sont attaché à la terre. Aux branches du pal-
mier sont suspendu des trophées et des armes, au tronc sont
attaché sa cuirasse et son armure.

169e. — Forcé de quitter les marais et les rivières gelé,
les hérons se tiennent sur les ruisseaux. Les hommes passent
comme les fleurs qui, épanoui le matin, le soir sont flétri
et foulé aux pieds. Au bas de la côte est situé sa cabane.
Que de vieilles coutumes ont été aboli.

170e. — Quand il vit l'urne où étaient renfermé les cendres chéri de son frère, il pleura amèrement. La justice et
l'humanité ont toujours été honoré par les nations les moins
civilisé. C'est là que seront entendu, compris et jugé les
moindres pensées. L'Espagne est presque toujours déchiré
par des guerres intestines, soutenu par l'ambition.

171e. — Les Thuringiens battu, leurs moissons pillé et
leurs maisons réduit en cendres, tels furent les actes aux-
quels se livrèrent les Saxons. L'armée russe étant dispersé,
son camp pillé, ses bagages enlevé, ses munitions pris, les
Français sont resté triomphants. Convaincu de leur infério-
rité, les ennemis se retirèrent. Où sont les glaives suspendu
qui doivent frapper les criminels. Saisi de frayeur, Rose
est tombé faible.

172ᵉ. — Ces peuples, autrefois craint et respecté de leurs voisins, instruit dans toutes les sciences connu, estimé des nations éloigné, n'ont plus la réputation mérité dont ils jouissaient alors. Que de batailles gagné, de provinces conquis. Cette romance chanté avec accompagnement fut applaudi et admiré. C'est des Grecs et des Romains que nous sont venu les lumières.

PARTICIPE PASSÉ ACCOMPAGNÉ DU VERBE AVOIR.

(Gramm., Nᵒˢ. 236 a 239)

Corriger les fautes conformément aux règles.

173ᵉ. — La romance que ta sœur a chanté est celle dont tu m'as parlé. Les nombreux ennemis que Charles-Martel a battu, les bataillons épais qu'il a écrasé, les armées aguerries qu'il a détruit, les dangers qu'il a bravé, les difficultés qu'il a vaincu, tout démontre en lui un génie qui grandissait avec les obstacles.

174ᵉ. — J'ai vu vos cousines, je leur ai demandé des nouvelles de leur voyage. Elles m'ont dit qu'elles avaient essuyé des fatigues, éprouvé des plaisirs dans les belles contrées qu'elles ont parcouru. Que de connaissances elles ont acquis ! Que de justes observations elles ont fait et quelle belle description elles ont donné des sites pittoresques qui ont frappé leur imagination !

175ᵉ. — Mes chers amis, nous vous avons écrit, et vous ne nous avez pas répondu. Léopold et Léon ont chassé, ils ont tué plusieurs perdreaux qu'ils nous ont envoyé. Que de bonnes œuvres n'a pas fait ce grand homme ! Que de familles n'a-t-il pas consolé ! Les graines de fleurs que j'ai acheté et que j'ai semé dans mon jardin, n'ont pas levé.

176ᵉ. — Les secrets que j'avais confié à mon frère, ont transpiré dans le public. Ainsi ont raisonné des hommes que des siècles de fanatisme avaient rendu puissants. Dieu nous a fait justes. Le long usage des plaisirs les leur a rendu inutiles. La fortune qu'a laissé ce bon vieillard, et qu'ont hérité ses collatéraux, était immense.

177ᵉ. — Que de pleurs j'ai versé dans les longues nuits que j'ai passé sans fermer la paupière ! Le jeu et la danse que votre fille a toujours aimé ont beaucoup nui aux progrès qu'elle aurait fait dans l'étude des sciences qu'on lui a enseigné. Les brebis ont bêlé ; les chiens ont aboyé et les chevaux ont henni.

178e. — Le mérite de son style tient aux progrès qu'a fait la société en France. Où sont les fleurs que vous a offert votre frère? Voilà les arbres qu'a frappé la foudre. Cette femme avait deux filles ; elle les a fait religieuses. Ces soldats arrivèrent par des chemins qu'on avait cru impraticable jusqu'ici.

179e. — Que d'illustres conquérants que personne n'a célébré ! On les a plaint de n'avoir eu ni peintres ni poètes. Autant de lois ils ont fait, autant de sources de prospérité ils ont ouvert. La froideur que nous avaient témoigné nos cousines ont déconcerté nos vues. As-tu bu la potion qu'ont préparé mes mains ? Que de peines nous avons eu dans l'excursion que nous avons fait ce matin !

DU NOM.

DES NOMS A DOUBLE GENRE.

(Gramm , Nos. 267 à 282.)

Corriger les fautes conformément aux règles.

180e. — Ces enfants sont de bonnes aides de maçons. Votre tante est un aide assuré pour les pauvres. Que de victoires n'ont pas remportées les aigles impériaux ! Les aigles romains n'étaient pas des aigles peintes sur des drapeaux , mais des aigles d'argent ou d'or supportées par une hampe de pique.

181e. — Dieu fait un précepte de l'amour filiale ; il n'en fait point de l'amour paternelle. Les plantes ont aussi des amours orageux. Ce poète va chantant ses beaux amours. C'est une bien grande délice que de contribuer au bonheur des autres.

182e. — Un couple de pigeons ne sont pas suffisants pour le dîner de six personnes. Mes enfants font mes plus chers délices. Une couple de pigeons suffit pour peupler une volière. Oreste et Pylade étaient une couple d'amis.

183e. — Ernest est une charmante enfant. Rosa est un enfant compatissant. Ces chantres ont chanté des hymnes bien mesurés. Suivez les bonnes exemples que vous ont données vos parents. Ce poète entonna une belle hymne en l'honneur du héros.

184e. — Les soldats chantaient en chœur notre belle

hymne nationale. Imitez les beaux exemples d'écriture cursive que vous ont faits vos maîtres. Nous avons admiré la première, la seconde œuvre de Rossini, de Grétry. Il avait avec lui trois de ses gardes bien déterminées à le défendre.

185e. — Nous avons récolté cette année des orges trèsgrands. On offrit à la princesse un garde d'honneur. Voilà de fins gens, d'heureux gens. Les gens paresseuses passent leur vie comme les animaux. Les jeunes gens sont légères et étourdies. Les gens fourbes ne sont pas crues.

186e. — Les vieux gens sont soupçonneuses. J'ai lu les œuvres choisis de Racine. C'est un bon œuvre de soulager son prochain. J'irai vous voir à Pâques fleuris. Nous avons acheté de l'orge mondée, de l'orge perlée. Tout fidèle doit faire de bons Pâques.

187e. — Les premiers orgues que l'on a vus en France furent apportés par les ambassadeurs de Constantin Copronyme qui les ont offerts au roi Pépin. Pâque sera tardive cette année. Je vous assure que personne n'est plus courageuse que lui.

188e. — Le soleil fait son période en 365 jours et près de 6 heures. Nous avons vu bien des sots, mais aussi nous avons rencontré des personnes instruits. La fièvre quarte et toutes les autres fièvres intermittentes ont leurs périodes réglés. Cet office est spacieux et bien meublé.

189e. — Charles-Quint, respirant à peine au fond de son cercueil, n'entendait que l'office des morts lentement psalmodiée. Les prières ferventes apaisent Dieu et lui arrachent le foudre des mains. Comment ! des animaux qui tremblent devant moi ! Je suis donc une foudre de guerre.

DU NOMBRE DANS QUELQUES NOMS.

(Gramm., Nos. 283 à 285.)

Corriger les fautes conformément aux règles.

190e. — Les deux Rousseaux se sont illustrés par leurs ouvrages. Les Néron et les Robespierre ont été des monstres à face humaine. Les trois Dupuis sont nés en France. Tous les généraux ne sont pas des César, des Scipion ou des Napoléon.

191e. — Les Racines, les Corneilles et les Voltaires ont été les Sophocle, les Euripide et les Eschyle de leur siècle. L'intérêt fait naître des Caïn. La France a eu ses Caton, ses

Pompée, ses Homère. Les deux Senèques sont nés en Espagne.

192e. — Avec vos cars, vos sis, vos on dits, vos pourquois, vous avez le talent de nous ennuyer. Les quands, les quis, les quois pleuvent de tous côtés. Plusieurs peus font un beaucoup. On chantait des te deums après toutes les victoires.

193e. — Des femmes du peuple récitaient des paters, des avés et des crédos. Votre fortune ne suffirait pas pour combler ces déficit. Les opéra de Boïeldieu valurent des bravo à leur auteur. Vous oubliez toujours de lire les post-scriptum. Ces écoliers méritent des pensums.

194e. — Placez des erratas à la fin de votre livre. Les trio et les quatuor de ce musicien sont admirés. Bien des gens débitent des impromptu faits à loisir. Les concerts de ce compositeur sont remarquables par les solo. Nous avons vu des quiproco, des alibis et des aparté.

195e. — Des numéro, des alinéa, des jubé, des placet, des quolibet, des récépissé et des album prennent un s au pluriel. On lui a fait une magnifique funéraille. Nous avons été à la messe, à vêpre, à complie et à matine. Cet homme a beaucoup de biles.

196e. — Mes amis, conservez vos santés. Cette perdrix se perdit dans la broussaille. Gresset est l'ancêtre de mon ami. C'est le premier pleur qui coule de ses yeux. Les paresses donnent entrée à tous les vices. Les ors sont les plus précieux de tous les métaux.

DES NOMS COMPOSÉS.

(Gramm., Nos. 287 à 295.)

Corriger les fautes conformément aux règles.

197e. — Vos belle-sœur sont parties. Les porte-manteau sont placés. Les préfets résident aux chef-lieu des départements. Les loup-cervier sont des quadrupèdes du genre des chats. Les loup-garou sont des esprits populaires qui courent la nuit.

198e. — Les tragédies de Cinna et d'Athalie sont des chef-d'œuvre. Les arc-en-ciel annoncent le retour du beau temps. J'ai acheté des cure-dent. Donnez-moi des essuie-main. Les vents sont les avant-coureur des tempêtes. Où sont vos serre-tête.

199e. — N'oubliez-pas les pour-boire des conducteurs. Les contre-basse ne sont pas d'accord. Montrez-nous vos passe-port. Les sage-femme doivent agir prudemment. Ces hommes sont des va-nu-pied. Nous mangeâmes d'excellents vol-au-vent.

200e. — Vends-tu des tire-bouchon et des porte-mouchette ? Les vice-roi gouvernent les vice-royauté. Trouverai-je des prie-dieu, des hausse-col et des cure-oreille. Les chat-huant et les chauve-souris sont de vilains oiseaux. De telles gens sont des boute-feu.

201e. — Ces chemins sont des coupe-gorge. Ces jeunes gens sont, les uns haute taille, les autres basse-taille, ceux-ci haute-contre, ceux-là basse-contre. Les garde champêtre rédigent des procès-verbal. On voit peu de cerf-volant.

202e. — Savez-vous faire des bout-rimé. Ces contre-seing sont élégants. J'ai vu des haut-bord, des abat-jour et des appui-main. Les chou-fleur sont de bons légumes. Ces hommes sont des gagne-petit. Les pistolets sont d'excellents porte-respect.

DES NOMS COLLECTIFS.

(Gramm., N°s. 297 et 298.)

Corriger les fautes conformément aux règles.

203e. — Cette société de savants ont illustré la patrie. La plupart des hommes se donne beaucoup de peines et ne jouit pas de la vie. Nombre de personnes est mort de faim cette année. Une foule de barbares attaqua l'empire romain.

204e. — Une infinité d'étoiles est invisible. Il tomba une nuée de sauterelles qui désola le pays. Cette secte de philosophes ont pensé ainsi. Ce peuple d'ignorants commettent bien des fautes. Trop de jeunes gens néglige les mathématiques.

205e. — Peu de Français connaît l'histoire de son pays. Beaucoup de poètes a célébré la fourmi. La totalité des pays d'Afrique ne sont pas encore explorés. Seigneur, tant de bonté a droit de me confondre. Une foule de canaux coupe l'Égypte.

206e. — Un nombre infini d'oiseaux faisait résonner ces bocages de leurs doux chants. Une multitude d'animaux placés dans cette belle retraite par la main du Créateur, y répand l'enchantement et la vie.

DE L'ARTICLE.

(Gramm., N°s. 299 à 303.)

Corriger les fautes conformément aux règles.

207e. — Le torrent entraîne, par sa rapidité, les moissons, granges, étables et troupeaux. Cueillez les bons et mauvais fruits. Le simple et le sublime La Fontaine est immortel. La bonté et puissance de Dieu sont infinies. J'ai lu les 14e. et 15e. siècles de Voltaire.

208e. — Je connais beaucoup des personnes ici. Je connais beaucoup de filles que vous m'avez montrées. Donnez-moi de vin, mon ami; mais ne me donnez pas du gâteau. Mon enfant, ta naissance t'impose des grands devoirs, et la religion te donne des beaux exemples à suivre.

209e. — Nous mangeons du bon pain et nous buvons du bon cidre. Ne me donnez pas de la viande, j'aime mieux ne manger que de fromage. Aucun de vous ne m'a fait du mal, et ne m'a dit des injures. Voilà de bon tabac. Buvez un coup de la bière.

DE L'ADJECTIF.

SUITE DE L'ACCORD DES ADJECTIFS QUALIFICATIFS.

(Gramm., N°s. 254, 304 à 310.)

Corriger les fautes conformément aux règles.

210e. — Auguste gouverna Rome avec un tempérament, une douceur soutenu. Je ne connais point de roman, point de comédie espagnol sans combats. Pour réussir dans cette affaire, il faut un courage ou une prudence étonnant.

211e. — Quand on attend, un jour, une heure; un moment paraissent bien longs. Attendu vos raisons, nous nous rendons. Je vous vendrai mes instruments aratoires, la cariole compris. J'ai acheté les terres y compris la maison. La demie-heure vaut 30 minutes.

212e. — Vos frères entendu, on se retira. Nous ferons ce travail en une heure et demi. Vous recevrez franche de port les lettres que nous vous avons adressées franc de port. Tout le monde sera admis, excepté cette femme.

213e. — Les anciens Égyptiens allaient nus-pieds et tête nu. Des évènements attendu sont moins sensibles. On joue tous les jours, les jeudis excepté. On voit les sauvages aller nus-pieds, nues-jambes et tête-nu. Oui les témoins, il appert que vous avez tort.

214e. — Passé dix heures, on n'entre plus. Les parties oui, le tribunal délibéra. A six heures passé, on ferme la porte. Entendu les conclusions, il en résulte qu'ils ont raison. Supposés ces motifs, en déduisez-vous qu'il soit dans son droit?

215e. — Vues les raisons et allégations, vos frères furent renvoyés de la plainte. Leurs motifs supposé, ils n'en sont pas moins coupables. Vos raisons vu et entendu, vous avez gagné votre procès. Feue ma mère voyait souvent la feu reine.

216e. — Vous recevrez ci-incluse, ci-jointe une lettre que m'a adressée mon frère. J'ai entendu sonner deux heures et plusieurs demi. Je vous adresse une lettre ci-joint, ci-inclus. Cette belle poire est trop mûre. Ces fleurs sentent bonnes.

217e. — Nous vous annonçons des nouvelles sûres et certaines. Votre maison vaut dix mille francs nets. On lui a coupé les cheveux trop courts. Vous vous teniez fermes. Ce malheureux va les mains nu, les pieds-nu et nue-tête. Nous avons vu baptiser ces enfants nouveau né.

128e. — Vos lettres sont maintenant claires-semé. Légère et court-vêtu, elle allait à grands pas. Votre frère a eu une fille morte-né. Vous les hachez menu comme chair à pâté. Cette femme est une véritable franc-maçon. Les menteurs disent vrais quelquefois.

219e. — Henri IV fut assassiné à trois heures et demie du soir. Les demies-mesures sont funestes. Ces hommes sont tout-puissants. Cette fille est sourd-muet. Ces roses sont frais-cueilli, frais-éclos. Ces jeunes demoiselles chantent justes, elles marchent droit (le corps droit), et elles marchent droites (devant elles.)

ADJECTIFS DÉTERMINATIFS.

(Gramm., Nos. 312 à 327.)

Corriger les fautes conformément aux règles.

220e. — Ce cheval coûte quatre cent francs, et celui-ci quatre cents quatre-vingt. Nous irons chercher trois cent

Lottes de paille et trois cent de foin, tous les vingts jours. On ne peut citer un roi de France qui ait vécu quatre-vingt ans.

221°. — Ma bonne femme, combien y a-t-il de cent d'œufs dans votre panier? Il y en a quatre cent. Ce brave général s'est trouvé à six-vingt combats. L'hospice des Quinze-Vingt fut fondé par Saint Louis, roi de France.

222°. — Vous recevrez demain trois cents soixante francs ou trois cent quatre-vingt. Charlemagne fut couronné empereur d'Occident en l'an huit cents de notre ère. Êtes-vous avancé dans votre lecture? J'en suis à la page deux cents.

223°. — Ces exercices orthographiques ont été composés en l'an mille huit cents quarante-six. Godefroi de Bouillon amenait soixante-dix milles hommes de pied et douze milles chevaliers couverts d'une armure complète.

224°. — Les mille d'Angleterre sont un peu plus longs que les mille d'Italie. La Genèse compte la naissance d'Abraham, de l'année deux mil du monde. Mon ami, comptez sur moi, je tiendrai ma parole que je vous ai donnée.

225°. — Tout l'univers a ses yeux sur vous. Le bain a renforcé mes jambes et fortifié ma poitrine. C'est la belle parole qu'il a toujours à sa bouche. Paris est superbe, les étrangers admirent ses bâtiments. La bonté, la douceur, loin de s'opposer à la gloire, sont à la fois sa base et son ornement.

226°. — Quand on est dans un pays, il faut suivre son usage. Je ne connais aucuns moyens de réussite. On n'a fait aucune funéraille à ce brave officier. Nulle troupe n'est comparable à celles de Napoléon. Nuls hommes ne sont sans défaut.

227°. — Les Romains n'ont vaincu les Grecs que par les Grecs même. Vous retombez toujours dans les même alarmes. Les animaux, les plaintes, les légumes mêmes étaient adorés en Egypte. Loin de fréquenter les méchants, nous devons mêmes les éviter.

228°. — Quelque trésors que nous possédions, nous ne sommes jamais satisfaits. Quelque fut la force du lion, il se laissa vaincre par une mouche. Quelques puissants, quel que élevés que soient les rois, ils sont ce que nous sommes.

229°. — Quel que savants, quel que heureusement doués que nous soyons, nous ne devons pas en tirer vanité. Quelque soient vos talents, quelque soient vos vertus, vous n'obtiendrez pas encore la place que vous postulez.

230°. — Quel que victoires qu'ait remportées Alexandre, quel que lauriers qu'il ait cueillis, quel que nations qu'il ait soumises, je le regarde comme un des fléaux du genre humain. Quel que superbes distinctions qu'obtiennent les hommes, ils ont tous une même origine.

231°. — Quelques soient ton culte et ta patrie, dors sous ma tente avec sécurité. L'étude de l'histoire est la plus nécessaire aux hommes, quelque soient leur âge et la carrière à laquelle ils se destinent. Un meurtre, quelque soit le prétexte ou l'objet, est toujours un forfait.

232e. — Tous grands que sont les rois, que sont-ils sans la justice? Toutes admirables, toutes étonnantes, tout nombreuses qu'étaient les qualités de Charles XII, on ne peut s'empêcher de blâmer sa témérité. Donnez-moi une toute autre occupation.

233e. — Tout autre occupation, tout autre place qu'un trône lui conviendrait mieux. Tous les talents ne sont pas égaux. Tout amitié n'est pas louable. Toutes affreuses, toutes horribles, tout honteuses, tout révoltantes que furent les cruautés de Tibère, elles n'égalèrent pas celles de Néron.

234e. — Tous parfaits que sont les sages, ils ont encore bien des défauts. Toute héroïque, tout courageuse que fut Jeanne d'Arc, toute attachée, tout dévouée qu'elle se montra à Charles VII, ce prince ne songea pas à venger sa mort.

235°. — Elle était tout brûlante d'amour pour la patrie. Tous intègres, tous habiles qu'étaient les généraux et les juges d'Athènes, l'exil était souvent leur récompense. Votre jument est toute en sueur. Ces femmes étaient tous yeux, toute oreilles. Les Français sont tous feu.

DU PRONOM.

(Gramm., N°. 328 à 343.)

Corriger les fautes conformément aux règles.

236e. — Ces enfants sont venus me trouver: je leurs ai appris leur leçons, et je leurs ai donné de sages conseils sur leur études. Madame, êtes-vous maîtresse de cette maison, oui, je la suis. Êtes-vous la maîtresse de pension de ces enfants? oui, je le suis. Messieurs, êtes-vous chasseurs? non? nous ne les sommes pas.

237e. — Êtes-vous les chasseurs africains que nous rencontrâmes hier? Oui, nous le sommes. Les harmonies de la nature, si merveilleuses dans les grands objets, les sont encore plus dans les petits. Vos filles sont-elles mariées? Elles les sont.

238e. — On doit, pour se corriger de ses défauts, faire un retour sur lui-même. Aimer le péché, c'est être ennemi de lui-même. La vertu est aimable d'elle-même. L'homme de bien a de la pudeur, quand même il n'a que lui pour témoin.

239e. — Chacun pense à lui. La colère est aveugle, ne vous livrez pas à elle. Promesses et serments, sot qui les tient, fou qui se fie à eux. Vous avez vu ma sœur, qu'en pensez-vous? Ces fruits sont beaux, je veux manger d'eux.

240e. — Ces affaires sont graves, je leur donnerai tous mes soins. Cet homme aime le travail, il se livre à lui avec assiduité. En épousant les intérêts d'autrui, nous ne devons pas épouser ses passions. Ce sont l'avarice et l'ambition qui troublent le monde.

241e. — Ce sont le nombre des peuples et l'abondance des aliments qui font la force d'un royaume. Ce fut les Phéniciens qui inventèrent l'écriture. C'est vos soins, vos affections, ce sont vous-mêmes qu'il faut donner. Est-ce eux qui ont écrit? Oui, c'est eux.

242e. — Est-ce les Anglais qui ont fait cela? Seront-ce elles qui viendront avec nous? Le corps périt, l'âme est immortelle; cependant on néglige celle-là, et tous les soins sont pour celui-ci. Cet homme ne voit que moi qui s'intéresse à lui.

243e. — Est-ce toi qui a parlé? Nous ne fûmes que deux qui osèrent élever la voix. C'est vous qui a écrit cette lettre. Ce n'est pas moi qui se ferait prier. C'est toi qui s'est si bien distingué dans cette affaire et qui l'a gagnée.

244e. — Ce sont nous trop souvent qui font notre malheur. Je n'aime pas cela, donnez-moi ceci. Ce sont nous qui vous ont élevés et qui vous ont instruits. Les Lapons ont un gros chat noir à qui ils confient leurs secrets. Voici l'arbre sur qui j'ai grimpé.

245e. — Si j'avais des affaires à démêler, c'est en cet homme en qui je me confierais. Je ne vois que nous deux qui ont de l'esprit. Les deux rois firent chanter des te deum, chacun dans leur camp respectif.

246°. — Les abeilles, dans un lieu donné, bâtissent chacune sa cellule. Athènes, Lacédémone, Milet, avaient, chacune, son dialecte. Les seigneurs assemblèrent des troupes, chacun de leur côté. Dans un cimetière, on est égal.

247°. — On est heureux quand on est mère, et qu'on est adoré de ses enfants. Ma fille, on n'est vraiment aimé que lorsqu'on est aimable. On est heureux en ménage, quand on est bien uni. On se battit en désespéré.

248°. — L'on écoute trop souvent la calomnie et on impose silence à la vérité. L'on doit vivre chaque jour comme si on devait mourir le soir. L'on estime la vie par-dessus tout, et l'on la prodigue comme si elle devait toujours durer. Ce qu'on comprend s'explique mieux.

DU VERBE.

ACCORD DU VERBE AVEC SON SUJET.

(Gramm., Nos. 125 à 126 et 350 à 355.)

Corrigez les fautes conformément aux règles.

249°. — Je ne sait où je suit. Tu serait encore employé si tu l'avait voulu. Dieu envoyas un Consolateur aux hommes. Aimer est un besoin de l'âme. Nous inventont tous les jours de nouvelles modes. Pratiqué la vertu. Elles sèmes des roses sous les pas.

250°. — Bel enfant ! tu dort d'un sommeil paisible. O soleil ! tu est un rayon de la gloire de Dieu. Promettre et tenir est deux ! Boire, jouer, manger, dormir étaient leur unique occupation. Le rat et la souris mord.

251°. — L'ivresse et la mollesse abrutit. L'agneau et la brebis paît. Sa simplicité et sa bêtise me confond. J'ai gagé que cette dame et vous sont du même âge. Pierre et toi travailles maintenant au dessin. Vous et votre frère mérite d'être accueillis.

252°. — Narbal et moi admira la bonté des dieux. Toi et moi sont contents de notre sort. Votre sœur et moi sont nés le même jour. L'airain, le marbre et l'or frappait Rome éblouie. La bravoure, l'intrépidité de Turenne étonnaient les plus braves.

253°. — La bonté, la douceur du grand Henri ont été célébrées de mille louanges. Un seul mot, un soupir, un coup-d'œil nous trahissent. La faiblesse ou l'intrépidité nous font commettre bien des fautes. C'est vous ou votre frère qui aura le prix.

254°. — Votre oncle ou le mien seront maire de la commune. La douceur ou la violence en viendront à bout. Le bonheur ou la témérité a pu faire des héros. Le temps ou la mort est nos remèdes. La force de l'âme, comme celle de l'esprit, sont le fruit de la tempérance.

255°. — Le mérite des hommes, aussi bien que les fruits, ont leur saison. La beauté, ainsi que les plus belles fleurs, ne durent qu'un moment. Rome et Carthage se voyaient d'un œil jaloux : l'une et l'autre voulut subjuguer la Sicile. Ni la force ni la contrainte ne peut dompter le naturel du tigre.

256°. — L'un et l'autre vous était parvenu. Ce ne sera ni ma sœur, ni la tienne qui seront nommées abbesse de ce couvent; ni l'une ni l'autre ne peut prétendre à cette place. Ni mon frère ni mon oncle ne seront nommés maire de la commune.

257°. — Plus d'une Pénélope honorèrent leur pays. A Paris, on voit plus d'un fripon qui se dupe l'un l'autre. Quels sont nos premiers parents? Ce sont Adam et Ève. C'est les fanfarons qui ont le moins de courage.

258e. — Ce fut les Phéniciens qui inventèrent la navigation. Ce sont la justice et la bonté de Louis XII qui l'ont rendu digne du surnom de Père de la patrie. Ce sont vous, hypocrites, qui prêchent la vertu, et ce sont vous qui la pratiquent le moins.

RÉGIMES DES VERBES ET DES ADJECTIFS.

(Gramm., Nos. 356 à 361.)

Corriger les fautes conformément aux règles.

259°. — Le Créateur préside et règle le mouvement des astres. Les grandes vertus se cachent ordinairement dans la servitude et s'y perdent. La politesse embellit et donne des grâces à ceux qui la possèdent. Les années instruisent et apprennent aux hommes à faire usage de la vie.

260°. — Ces enfants sont dociles et contents de leurs maîtres. Cette fille est portée et avide de la lecture. L'en-

3

hiemi attaqua notre ville et la prit. Ce général est propre et content du métier de la guerre. La physique arrache tous ses secrets à la nature.

261°. — Il faut opposer aux propos des méchants un maintien stoïque. Les hypocrites parent les vices les plus honteux et les plus décriés des dehors de la vertu. L'ambition, qui est prévoyante, sacrifie à l'avenir le présent. Croyez-vous pouvoir ramener les esprits égarés par la douceur.

EMPLOI DU PASSÉ DÉFINI ET DU PASSÉ INDÉFINI.

(Gramm , Nos. 362 et 363.)

Corriger les fautes conformément aux règles.

262°. — Mon ami, je vous écrivis cette semaine une lettre que vous reçûtes probablement vendredi ou samedi. Vers midi, nous envoyâmes notre domestique vous porter une corbeille de fleurs. Nous nous sommes voué une amitié éternelle, dès que nous nous vîmes.

EMPLOI DU SUBJONCTIF.

(Gramm., Nos. 364 a 369.)

Corriger les fautes conformément aux règles.

263°. — Quoique les méchants prospèrent quelquefois, ne pensez pas qu'ils sont heureux. La religion exige que nous sacrifions nos ressentiments, et que nous publions les louanges du Seigneur. Cet homme est le plus riche propriétaire qui est dans ce village.

264°. — Croyez-vous que le coupable dort tranquille, et qu'il n'a pas le cœur déchiré. Le règne de Charles VI est un des plus malheureux qu'on a vu en France. Retenez-le jusqu'à ce que vous sortez. Il y a peu d'hommes qui savent supporter l'adversité.

265°. — Le meilleur cortége qu'un prince peut avoir, c'est le cœur de ses sujets. Citez-moi un maître dont les leçons sont aussi profitables. Quelques biens que vous possédez, vous êtes toujours sujets à la mort. Prends garde qu'en ne te voit en chemin.

CONCORDANCE DES TEMPS.

(Gramm., Nos. 371 et 372)

Corriger les fautes conformément aux régles.

266e. — L'envieux voudrait que tout ce qui est bon appartienne à lui seul. Solon ordonna, en mourant, qu'on porte ses os à Salamine, qu'on les brûle et qu'on en jette les cendres par toute la campagne. Il aura fallu que vous ayez beaucoup de prudence dans cette affaire.

267e. — Je doute fort qu'un homme de bien consent jamais à une bassesse. Il faut que tu écrivisses à ton frère et qu'il te répondît par le premier courrier. Pour obtenir les honneurs du triomphe, il fallait que l'on tue cinq mille ennemis.

268e. — Je ne crois pas qu'il parvienne à cet emploi éminent, sans votre protection. Il serait à désirer que tous les hommes aiment les louanges, et qu'ils s'efforcent de les mériter. Les anciens croyaient que la terre tournait autour du soleil.

269e. — Il eût fallu que vous parlassiez à votre frère, avant qu'il arrivât. On ne croira jamais qu'il obtînt cette place, si vous ne l'eussiez protégé. Dieu nous a créés pour que nous l'aimassions et que nous l'adorassions.

SUITE DE L'ACCORD DU PARTICIPE PASSÉ.

(Gramm., Nos. 373 à 383.)

Corrigez les fautes conformément aux régles

270e. — Cette femme s'est blessé; elle s'est cassée la jambe droite. Notre enfance s'est écoulé avec rapidité. Une tempête s'est élevé sur la mer. Ses yeux se sont fermé à la lumière. Mes sœurs se sont tu. Nous nous étions proposés de vous aller voir.

271e. — Ces instituteurs communaux se sont concilié l'estime des conseillers municipaux. Ah! comment s'est éclipsé tant de gloire? Comment se sont anéanti tant de travaux? Stéphanie, tu t'es obstiné à ne pas sortir; tu t'es faite une mauvaise réputation.

272e. — Les grands hommes se sont survécus à eux-mêmes. Que de ministres se sont succédés depuis 1830. Mes parents se sont suffis dans leur médiocrité, Géneviève et Zélie se sont souries lorsqu'elles se sont aperçu; elles se sont convenues.

273°. — Elles se sont plues à la campagne, elles se sont
ries des observations que nous nous sommes faits un devoir
de leur adresser ; par là, elles se sont nuies dans l'esprit de
la société qui s'était complue à rendre justice à leurs talents.
Ces deux hommes se sont ressemblés.

274°. — Mes cousines se sont déplues dans leur pension. La
terre s'est ébranlé. Messieurs, vous vous êtes parlés à l'o-
reille, et vous vous êtes nuis. Plus d'une fois, il est tombées
des pierres du ciel. C'est une des plus grandes reines qu'il y
ait eues.

275°. — Les froids qu'il a faits cette année ont été très-
vifs. La chaleur qu'il a faite a brûlé nos légumes. Les pluies
continuelles qu'il a faites, ont causé toutes les maladies qu'il
y a eues. Il est arrivés de grands malheurs dans ce village.

276°. — Les remèdes qu'il a fallus ont coûté des sommes
immenses. Les peines que nous avions prévues que cette
affaire vous causerait, se sont réalisées. Votre sœur que
j'avais prévenu que vous étiez arrivé, est accourue. Les
leçons que vous avez voulues qu'elle étudiât ne lui ont pas
profité.

277°. — Les femmes que vous avez convaincu, persuadé
que nous étions vos frères, l'ont toujours cru. Le peu de
bonne conduite que ce jeune homme a montrée, vous a fait
lui retirer votre confiance. Le peu de capacité que nous
avons acquis, nous fut très-utile.

278°. — Le peu de soldats que nous avons rencontré nous
ont tous dit la même chose. Napoléon a remporté plus de
victoires que d'autres n'en ont lues. Vous connaissez mon
jardin : voici les pêches que j'en ai apporté.

279°. — Il crut voir des miracles et même en avoir faits.
Des fleurs, j'en ai beaucoup cueillies. Des roses, combien
j'en ai effeuillé ! Que j'en ai fané ! Autant de batailles il a
livrées, autant il en a gagné. L'affaire est moins sérieuse
que je ne l'avais pensée.

280°. — Votre sœur est toujours la même que je l'ai connu.
Ces personnes ne sont pas aussi instruites que nous l'avions
crues. Votre fille, je l'ai vu une seule fois, et je l'ai reconnu.
Les trois heures que j'ai dormies m'ont fait beaucoup de
bien.

281°. — Toutes les années que ce prince a régnées ont été
signalées par des bienfaits. Toutes les fois qu'il a parlées, il a

été applaudi. Il s'est bien ennuyé pendant les quatre mois qu'il a voyagés. Les vingt kilomètres que nous avons courus nous ont fatigués.

282e. — Les sommes que ce procès m'a coûtées sont immenses. Les cinq cents francs que ce cheval a valus, il les vaut encore. Ses erreurs, elle les a longtemps blâmé. C'est la langue française qu'il a parlé toute la vie. Je ne regrette ni les soins, ni les peines qu'il m'a coûté.

283e. — Les emplois que vous avez couru vous ont échappé. Les heures qu'il a criées, l'ont rendu malade. Voilà les meubles que l'huissier a crié. Que d'honneurs m'a valu mon habit. Je n'oublierai jamais les faveurs que votre recommandation m'a valu.

284e. — Les enfants que nous avons entendu chanter, nous les avons entendu applaudir. La montre que j'ai vu voler est celle que j'ai vu tomber. La femme que vous avez aperçu frapper ses enfants n'est pas la même que vous avez aperçue frapper par son mari.

285e. — Mon ami, les marchandises que tu as laissées introduire, sont-ce celles que tu as laissé dépérir? Mademoiselle, où sont les robes que nous vous avons vu coudre et les cravates que nous vous avons vu ourler?

286e. — Camarades, les plumes que je vous ai vu tailler, où sont-elles? Vous les avez vu s'accomplir, ces choses etonnantes. Tu les as envoyé cueillir des fruits, tes enfants, ensuite tu les as envoyé chercher par ta servante que j'ai vu courir.

287e. — Elle s'est vu mourir, cette pauvre femme, elle s'est vue éteindre comme une lampe. On leur a donné tous les agréments que l'on a pus. On a eu pour leur âge tous les égards que l'on a dus. Elle m'a payé toutes les sommes qu'elle m'a dû.

288e. — Ils m'ont donné tous les plaisirs que j'ai voulu. Tous les maux qu'on lui a voulu, sont arrivés. Mes sœurs ont fait toutes les dépenses que leur fortune leur a permises. J'ai fait toutes les démarches que mes parents m'ont permis.

289e. — Quelle peine j'ai eu à le décider. Les injures que nous avons eu à essuyer, nous ont dégoûtés. La liberté qu'il a pris de la tutoyer, lui déplut. C'est une difficulté que j'ai apprise à vaincre. Les charges qu'il a eues l'honneur d'exercer, lui ont échappé.

290°. — La témérité que j'ai eu de le critiquer, le fâcha. La plante mise en liberté garde l'inclinaison qu'on l'a forcé de prendre. Partout les rayons perçants de la vérité vont venger la vérité qu'on a négligé de suivre. Voilà la maison que j'ai faite bâtir et que j'ai faite agrandir.

DE LA PRÉPOSITION.

(Gramm., N°⁵. 384 à 390.)

Corrigez les fautes conformément aux règles.

291°. — Nous n'apercevons la vérité qu'à travers du voile de nos passions Il lui passa son épée au travers le corps. Cet arbre est planté vis-à-vis ma fenêtre. Vous demeurez en face l'église. Louis IX se distingua entre tous les rois de France par la piété et par la douceur de son règne.

292°. — Il existe une grande amitié parmi ces deux hommes. Les libertins ont beau faire ; ils tremblent quand ils sont prêts à mourir. Celui qui est près de mourir ne craint pas la mort. Voici mon jardin là-bas dans la vallée, et voilà ma maison en face nous.

293°. — Nous avons voyagé en Europe, Asie, Afrique et Amérique. Il est doux de servir sa patrie et contribuer à sa gloire. Il dut la vie à la clémence et à la magnanimité du vainqueur. Ce berger parvint aux premiers grades militaires par sa force, par son génie et par son adresse.

DE L'ADVERBE.

(Gramm., N°⁵. 391 à 397.)

Corriger les fautes conformément aux règles.

294°. — Les Soucis importuns voltigent comme des hiboux alentour des lambris dorés. Cette femme était sur sa chaise et ses filles étaient autour. Vous n'auriez pas dû parler ainsi, il fallait réfléchir avant. Il faut rire auparavant d'être heureux, de peur de mourir auparavant d'avoir ri.

295°. — Vous avez de l'esprit, mais votre compagne en a encore davantage que vous. Malheur à ceux qui estiment

davantage les richesses que la vertu! Nous jouâmes plusieurs
parties tout de suite. Il faut aller chercher le médecin
de suite.

296ᵉ. — Une grande naissance ou une grande fortune
annoncent le mérite et le font plutôt remarquer. Le travail
est nécessaire aux hommes ; il fait leur félicité plus tôt
que leur misère. J'ai très-faim et très-soif. Votre sœur
était si en colère, qu'elle en devint toute rouge.

DE LA CONJONCTION ET DE L'INTERJECTION.

(Gramm., Nᵒˢ. 398 a 403.)

Corriger les fautes conformément aux règles.

297ᵉ. — Il ne faut pas juger d'un homme parce qu'il
ignore, mais parce qu'il sait. Les hommes ne sont incon-
séquents dans leurs actions que par ce qu'ils le sont dans
leurs principes. Quant vous serez arrivé, vous viendrez
me voir.

298ᵉ. — Quand à moi, je suis disposé à tout faire pour
vous convenir. Mon ami, quoique vous ayez dit, on ne
vous a pas cru. Votre oncle a été condamné, quoi qu'il eût
raison. C'est votre frère où moi qui serons admis.

299ᵉ. — Il demeure à Abbeville où dans les environs.
Nous irons à Doullens ou nous vous attendrons. Ou allez-
vous? Ha! quelle pitié! Hé! qui aurait pu croire cela?
Eh! viens ça. Oh! prodige de bonté! Ho! mon Dieu que
vous êtes magnifique.

DE L'ORTHOGRAPHE.

(Gramm., Nᵒˢ. 404 à 408.)

Corriger les fautes conformément aux règles.

300ᵉ. — Honnorez vos parents ; vous vous acquerrez vous-
mêmes de l'honeur. Ce donnataire doua ses biens aux hos-
pices. L'ortografe est la manière d'écrire correctement les
mots de la langue. La filozofie est la connaissance des choses
par leurs causes et leurs effets.

301°. — Joseph établit des greniers d'abondence dans toute l'Égypte. La physique est une sciance difficile et utile. Ce dar est pointu. Ce fusi est lon. J'ai des parfuns odoriférants. Son débu fut heureux. Suis mon avi. Le bergé que j'ai vu dans mon chan est caduque.

302°. — Il a une mine de plon. Je suis à l'abrit. L'habi du favorit est rous. Le conseil est dissout. Le pénitent est absout. Prends ce caillout sous le bra, fais un effor, tu arriveras au dépos et tu verras l'entrepos en face. Paie le tier de l'impos. Dans ton intérès, reste coit.

303°. — Ce républiquain est afriquain. Quand nous arriverons au prochain relay, nous fumerons une pipe de tabat. Si dans la nui tu entends du bru, sors de ton li et cours te cacher au bou du jardin. Ce diamant est bru. Quel chna de fer, jamais de temps serin.

304°. — Si j'ai fin, mon panier est pl'n de pin. Dieu voit comme un néan tout l'univers ensemble. J'ai regrè de l'amat de blé que j'ai fait. Il faut battre le fert tandis qu'il est chau. Je vous fais dont de cette tabatière. Le sommeille est l'image de la mor.

305°. — Cet avoca se fit soldas et parvint au générala ; il avait la poitrine couverte de crachas. Nous mangeâmes un anana et du cervelat. Tracez un canevat. Voulez-vous un nouvau morçau d'aloyeau. Il sortit du cavau couvert de son mantau avec son chapau sur la tête.

306°. — J'ai mangé du grueau et des noyeaux. Donnez-moi une bouché de pain. La bontée de Dieu est infinie. Ce chien se distingua par sa fidélitée. Il a vendu une charreté de fourrages. Elle se sauva par l'allé. L'enpereur envoya des ambassadeurs à toutes les puissances.

307°. — Enmanchez ces couteaux. J'ai des bombons dans ma bombonnière. Son enbompoint l'incommode, néammoins il marche encore bien ; c'est un homme nompareil. Ce compte régla ses contes avec ses fermiers, et leur raconta un comte qui ne les fit pas rire.

308°. — J'admirai hier le champ matinal de l'alouette, lorsque je visitai mon chant semé en orge. La fin les força de mettre faim à leurs jours. Cet homme, né à foi, a nié ses dettes plus d'une foie ; il a reçu des coups pour sa mauvaise fois, et depuis il a mal au foix.

309°. — Le mettre a pris son maître pour le mètre dans son cabinet. La mer du mère de notre village a voyagé sur maire. Voilà des pois pour peser les petits poids que j'ai achetés. Ce marchand de pouah pue toujours. Poix !

DE QUELQUES SIGNES ORTHOGRAPHIQUES.

(Gramm., N°s. 8 à 13 et 430 a 437.)

Corriger les fautes conformément aux règles.

310°. — On vas-tu ? je vais la tout pres. Chaque fois que je rencontre ta sœur dans là commune, je là salue. C'est elle où ta cousine qui sera nommee queteuse. Ce jeune homme à beaucoup de dispositions ; il faudra le mettre a l'ecole normale.

311°. — On voit dès rivieres navigables des leur source. On doit hair le mensonge. La reponse de ton frere Saul, qui est venu a Noel, est ambigue et incomprehensible. J'ai recu le memoire du macon qui a fait la facade de ma maison.

312°. — L'epee du general est cassee. D'ou viens tu ? Voila de l'eau tiede. Cet eleve à beaucoup de zele ; aussi il fait des progres. Cette pate à une teinte noiratre. Nous mangeames du ragout a la fete de ma mere. Jesus-Christ a fait douze apotres.

313°. — Arras est le chef lieu du departement du Pas de Calais. Voici un arc en ciel tres visible. Il arriva tout a coup. Passez moi l'essuie mains. L'an mil huit cent quarante sept. Est ce votre belle sœur qui chante ? chantera t elle encore apres demain.

314°. — Jaime lhomme desprit. Quelquun viendra. Je lirai jusquau soir. Lorsquon veut etre respecte, il faut quon respecte les autres. Sil ne vient pas, jirai le trouver, puisque il me la dit. Je lestime quoiquil me dedaigne. Cette presquile est verdoyante.

315°. — Quelqu'adroits que nous soyons, nous pouvons manquer. Mon billet est echu l'onze du mois prochain. Il vint la tete presqu'enveloppee. Je dormirai jusque a midi. Engagez-la a sortir. Puisque on le veut, je le ferai, quoiqu'a regret.

DES MAJUSCULES OU CAPITALES.

(Gramm , N°. 438.)

Corriger les fautes conformément aux règles.

316°. — La france est un des plus beaux royaumes de l'europe. Votre sœur léonie est aimable. La géographie est n, e science utile. Le nord est situé en face du sud. L'empereur napoléon-le-grand est mort à l'île sainte-hélène, le 5 mai 1821. Nous devons adorer le tout-puissant. La picardie est un pays productif. Le sage a dit : aide-toi, le ciel t'aidera. Les français sont courageux. La sombre jalousie suit à pas chancelants le soupçon qui la guide. Répondez, cieux et mers ; et vous terre, parlez.

DE LA PONCTUATION.

LA VIRGULE.

(Gramm , No. 441)

Corriger les fautes conformément aux règles.

317°. — Le mépris la haine la crainte le ressentiment en un mot toutes les passions se réunissent contre une autorité si odieuse. Votre ami est sincère droit équitable libéral bienfaisant. Il sait régler ses goûts ses désirs ses travaux ses plaisirs son courage son adresse. On arrive on se réjouit on débarque enfin. Je crains Dieu mon enfant et n'ai point d'autre crainte. Un ami don du ciel est le vrai bien du sage. L'homme hardi peut tout et le peureux rien.

LE POINT-VIRGULE , LE DEUX-POINTS ET LE POINT.

(Gramm., Nos. 442, 443 et 444)

318°. — Parler beaucoup et bien, c'est le talent du bel esprit parler beaucoup et mal, c'est le défaut du fat parler peu et bien c'est le caractère du sage On ne doit jamais se moquer des misérables car, qui peut s'assurer d'être toujours heureux Souvenez-vous de cet adage aide-toi, le ciel t'aidera Tout me plaît dans les synonymes de l'abbé Girard la finesse des remarques la justesse des pensées et le choix des exemples Ma mère m'a dit mon fils je t'aime plus que moi-même.

LES POINTS D'INTERROGATION, D'EXCLAMATION
ET DE SUSPENSION.

(Gramm., Nos. 445, 446 et 447.)

319°. — Mais parle, de mon sort, qui t'a rendu l'arbitre. S'il fallait condamner tous les ingrats qui sont au monde, à qui faudrait-il pardonner. Un précepte est aride, il le faut embellir ; ennuyeux, l'égayer ; vulgaire, l'ennoblir. Lui fait-on des compliments, il s'enorgueillit aussitôt. A tous les cœurs bien nés, que la patrie est chère. Ah, que de la vertu les charmes sont puissants. Que vois-je, cria-t-il. Que de ressources ne procure pas l'étude.

320e. — Je devrais peut-être mais pour cette fois je vous pardonne. J'aime à ce mot fatal, je tremble, je frissonne. Qu'un ami véritable est une douce chose. Qui gagna autant de batailles que Napoléon. O Dieu, confonds l'audace et l'imposture. O nuit, nuit effroyable. O funeste sommeil. Qu'est cela. Rien. Mais encore. Dites-moi, que pensez-vous faire. Ne quitterez-vous point ce séjour solitaire.

LES GUILLEMETS, LA PARENTHÈSE ET LE TIRET.

(Gramm., Nos. 448, 449 et 450.)

321e. — Debout, dit l'avare, il est temps de marcher. Hé ! laissez-moi. Debout. Un moment. Tu répliques. La peste, puisqu'il faut l'appeler par son nom, capable d'enrichir en un jour l'Achéron, faisait la guerre aux animaux. M. de Ségur met ces paroles dans la bouche d'Alexandre. On m'assure en vain que je suis le fils de Jupiter ; cette plaie me fait trop sentir que je ne suis qu'un homme. Dieu a dit : honore, aime, respecte ton père et ta mère.

RÉCAPITULATION

SUR TOUTES LES RÈGLES DE LA GRAMMAIRE. [1]

Corriger les fautes.

322e. — Les franc avait la taille haut, la peau très-blanc, les œil bleu ; ils laissait croître de petits moustaché à la lèvre supérieur ; leurs cheveu, coupé par derrière, long par devant, était d'un blond admirable. Ils portait une bel et large ceinture où pendait une épée lourd, long et tranchant. Ils était d'une légèreté si prodigieux qu'ils tombait sur leurs ennemi aussi vite que les trait qu'ils avait lancé contre eux.

(1) Ces Exercices récapitulatifs sont calqués sur l'histoire de France. — Les signes orthographiques ne sont point viciés.

323°. — Nos loi les plus anciens sont les loi salique, ainsi nommé des salien, et lesquels clovis rédiga en un grand nombre d'article. Les crime les plus grand, telles que le meurtre et l'adultère étais puni par des amende pécumaire. Les maître était responsable des vol fait par leurs esclave, et des dégât causé par leurs bétail.

324°. — Astolphe, roi de lombardie, jaloux de voir rome et les plus beaus cieux de l'italie au pouvoir des pape, entrepris de s'en emparer. Il préparat tous ces attirail de guerre, sources de milles mals. Déjà ces drapeaus flottais devant la ville éternel, quand pépin-le-bref, que ni les fatigue, ni les travails ne pouvait lasser, franchis les alpe, et grâce à ces effort, la puissance temporel des successeur de saint pierre fus dès-lors fondé.

325°. — Le pape, étienne II, donne l'onction saint à pépin, à berthe son épouse et à ces enfant. Puis courbant les genous et levant les œils vers les ciels, il conjures le très-haut de ne pas permettre que la couronne royal sort de la race de pépin. Les voix de l'assemblé répète la même prières et fait des vœus pour qu'il vainc ces ennemi et ces rivals.

326°. — Cette pompeux cérémonie fut suivit des splendide régal dans des beaux locals, où fut appelé les bouffon, espèce de foux et autres original dont les détail serait ici inutile, superflu. Pépin fut enterré à saint-denis, sous les vantails des caveaus, les œils tourné vers la terre, et par conséquent cachés aux yeux de bœuf du monument.

327°. — L'histoire obscur et ténébreux du moyen-âge s'éclaires un instant du génie de charlemagne. Ce prince commença une carrières qui devais être si fleurissant et si bel, en réunissant l'aquitaine à sa puissance paternel. Carloman son frères eus à peines le temps de goûter les doux et fugitifs illusion du pouvoir. A sa mort, une foule courtisan et complimenteur de seigneurs se rendis, avec une ovations non-ambiguës, auprès de charles qui fus déclarés uniques souverains.

328°. — L'enchanteur italie offris bientôt à charlemagne une nouvel et glorieux couronne. A la voix plaintif et suppliant du pape adrien, devenu l'objets des traîtres attaques de didier, notre roi marchat à la tête de ces troupe plus martials que les courageux armée turcs ou mahométans, que les anciens cohorte grecs, que les vieux légion romains.

329*. — Les francais revenait à peine de la délicieux italie que des immorals complots des brutals saxon appèle leurs arme victorieux. Aussi prompts que la foudres vengeurs, charlemagne vaint les révolté, leurs adresses des bénins parole. Witikin et plusieurs de ces principals officier se soumires et embrassères la religion chrétien.

330ᵉ. — Nos arme fure aussi heureux contre les esclavon et les hun établi en hongrie, et leurs richesse excessifs, fruits de leurs rapine continuels et dévastateur, devinres uotre proies légal et nos avantage triomphal. De nouveaus triomphe et de nouvels victoire, appèle nos belliqueux troupe en espagne, et les sarrasin trembles devant leur audacieux intrépidité.

331ᵉ. — Ensuite, ce grand prince dirigat ces valeureux armée contre les grec, les domptat, et forcant tout jusqu'aux bord de la mer baltique, il obligat les danois à ce renfermers dans leur presqu'île. Il fallais qu'il mette un terme aux révoltes sanglant qui se renouvellait chez les saxon. Il marchat contre ses fiers légion avec sa guerrier énergie et ces loyals soldat, les terrassas et s'avanca jusqu'aux rive féconds du wéser.

332ᵉ. — Eh quoi ! illustre monarque, après tant de succès, n'avez vous pas encore tout pacifiés ? Faut-il que nous vous voyous encore entravé ? Faut-il que vous ne conciliez jamais les intérêt des differents nation ? Que vous essayez en vain de les rendres fleurissant ? Faut-il que vous vous voyez hai au lieu que votre mémoires devraient être bénite.

333ᵉ. — Vous qui a rendu la civilisation si fleurissant. Est-il possible que la sage administration que vous avez créé ne soit pas agrée ? Il serat donc dis, peuples indocile, que vous crérez tous les moyen pour que vous vous soustrayez à votre bonheur. Il éteind et dissoud les révolte. Il engaga les savant à se ranger autour de lui et les encouragas par ces largesse.

334ᵉ. — Loin d'imiter ses roi qui sans cesse empiète sur les droit des peuple et appèle à eux le pouvoirs et la domi- nations, il fais refleurir les institution politique. Il craind que les grands ne se jète dans un partis opposés s'il leurs décelle le plan qu'il projète de faire représenter le peuple au champ de mai. Mais bientôt il rejète toute idée de crainte.

335ᵉ. — Sous les deux premiers race, exceptée l'époques rempli par le règne de charlemagne, les rapport commer-

cials languis par suite des vice fondamentals du gouvernement. Si nos aïeu, les francs , ignorait les lettre, les arts
libérals , il ne faut pas que vous croyez qu'ils sois privé de ce
bons sens commun à tous les âge.

336e. — Hugues-le-grand fut élevé au trône , aux milieux
des vivats et des bravo de la multitude par les suffrage même
de ces rivals qui, croyants partagers son autorité, n'était
réellement que ces brillant aide-de-camp. Il fit sa délice des
action propre à lui attirer les amour constants de ces
peuple. Terrible comme l'aigle majestueuse, il fondis sur
les allemand.

337e. — Il se conciliat les ecclésiastique, en abandonnants
aux religieux des riche et grand abbaye. Cette exemple fut
suivie par les grand-vassals et mêmes par les arrière-vassals.
Les membre du clergé, unissants leurs te deums solennels,
leurs joyeux alleluias aux paters et aux pieux aves marias de
l'humble multitude, pour remercier le roi des ciel de leur
avoir donné un si bon prince, lui décernère le titre de dé-
fenseur de l'église.

338e. — Par ces vertu guerrier, il causat à ces ennemi de
cruels rabats-joie et de rude crèves-cœur. Par sa fermeté, il
écartat les coutres-coup que tentère de lui porters quelque
troubles-fête ; il fut l'un des avant-coureur de cet gloire dont
les français devait se couvrirs , lorsqu'ils serait guidé par
leurs aigle impérials et victorieux.

339e. — Par sa piété, par ses bonne exemple et par l'aide
assuré qu'il a porté à l'église, il affermis le christianisme.
Alors, les temple ne retentissais pas encore du sons de ses
orgue harmonieux ni de ses voix vibrants et sonore qui, par
des solos, des duo, des trios, des quatuors mélodieux , vient
aujourd'hui enflammers les cœur de l'amour divine.

340e. — Le roi robert a composés plusieurs beaux hymne
que l'on chautes encore à l'église et qui ne manques pas de
ce feu divin si admiré dans les hymne composées en l'honneur des dieus mythologique. Il a accordée la vie sauf à
douze scélérat, vrais coupe-jarret, qui avait tendus des
guet-à-pens pour l'assassiner.

341e. — Sous henri Ier., la disettes fut si désolant et les
couple chancelant d'animals en expirants d'inanition, ne pou-
vais plus servirs à la reproduction de leur espèce. L'aigle
même si fort de sa nature, épuisé comme les oiseaus les plus
faible, n'avais plus de chaleurs pour produire ces œuf ou les
faires éclores.

342e. — Le couple d'œufs de poule et le couple de pigeon, que les citoyen exténué s'arrachait les uns aux autre, pour s'en nourrirs, etait vendu à des prix exorbitant. Ni les blé nourrissant, ni les orge farineux, ni les mars tardive, rien, durant trois année consécutifs, ne purent parvenir à leur maturité.

343e. — Sous philippe Ier., à la voix du preux et du bouillant pierre-l'hermite, gentilhomme picard, treize cents milles homme se croisère. Beaucoup périt en route, ceux qui parvinres en orient prires d'assaut jérusalem, dont ils proclamère roi leur sage et leur vaillant chef, le pieux et le prudent godefroy de bouillon.

344e. — Louis VI marchat contre henri Ier, roi d'Angleterre et les deux armée se rencontrères à Brenneville. Mais ne prenant conseil que d'un courage ou d'une témérité exaltés, oubliant que non-seulement une prudence, mais même une politique judicieux, doit être la compagne des roi, il combattis comme le dernier de ces soldat. La bravoure, l'intrépidité héroïques que louis déployat dans cette fatales journée, ne purent empêcher sa défaite.

345e. — Louis IX avait à peine douze an, quand il succédat à son père, en l'an mil deux cents vingt-six, c'est-à-dire l'an cinq mil deux cents vingt-six de la création du monde. Il s'enbarquat pour la terre-saint, à aigues-mortes, port situé à près de trois cents quatre vingt ou quatre cent kilomètre de paris. Ce prince fondat l'hospice des quinze-vingt.

346e. — Philippe-le-hardi ramenat les dépouille mortel de son père. Le lendemain de leurs arrivées à Paris, elle fures déposés, en grandes pompes, dans les caveaus de saint-denis. Un peuple immense accourus à cette lugubre cérémonie, et jamais on ne vi nul pleur plus sincère ni aucune funéraille plus touchants. A cette époques, les ouvrage et les nom de quelque célèbre écrivains sortires de l'oublis.

347e. — Charles V, dit le sage, admis dans ces conseil des digne et des sage ministre; il confiat ces troupe à des vaillant et des prudent capitaine; en sorte que, tandis que ceux-ci, par une sage administrations, acquittais les dette de l'état et rendait le peuple le plus heureux, ceux-la savait forcers la victoire à se ranger encore sous nos drapeaus, humiliait le roi de navarre, et arrachait aux anglais les province qu'ils avait conquit.

348e. — Louis XII fit connaître que ce sont le bonheur et la reconnaissance des peuple qui peut seul rendre les prince

heureux; et les état, pour lui prouver que c'est les vertu et
la bienfaisance des prince qui leurs mérite les bénediction de
leurs sujet, le proclamère le père du peuple.

349°. — Bayard, la Trémouille, gaston de foix, était de ses
guerrier à qui il aimais à dire : « ce sont vous, braves
» capitaine, qui m'a soutenu dans mes disgrâce ; vous éte
» les générals qui m'avez empêché plusieurs fois de succom-
» ber. » « Placé sur le trône pour le bien général, disait-il a
» la reine anne, nous devons oubliers parent, amis, tout, si
» ce ne sont nos sujet. »

350°. — Après la bataille de marignan, que les vieux
guerrier appelère le *combat de géant*, un des plus terrible
qui s'est livré jusqu'a cet époque, françois Iᵉʳ. se rendit
maître et occupa le milanais. Il conclus avec les suisse une
paix perpétuel, et pour gagner et plaire au pape, il abolis la
pragmatique-sanction qu'il remplacat par le concordat.

351°. — La nuit du 24 au 25 août (1572), fête de saint
barthélemy, est marqué par l'exécution d'une des plus sanglant catastrophe qui a épouvantées la terre. Catherine de
médicis ordonne que tous les calviniste fussent égorgé.
Croira-on que le roi charles IX a eu la barbarie de tirer sur
ces malheureux sujet fuyant, et qu'il s'est réjouit de voir le
cadavre de coligny outragé par la populaces.

352°. — Henri IV disait : j'aimerait mieux n'avoir jamais
paris que de voir ces muraille tombant, ces rues dégouttant
du sang de ces habitant, et mes soldat se baignants dans
celui de leurs compatriote expirants sous leurs coup redoublé
et fuyants loin du foyer paternelle. L'infâme ravaillac mis
fin aux jour si interressant de ce bon rois, en lui plongant
un poignard dans la poitrines, vers trois heures et demi de
l'après-midi.

353°. — Il fallais à marie de médicis l'autorité souverain
qu'on l'avais toujours vu ambitionner. Les mécontent dont
elle n'avais jamais cessée de suivre les conseil, s'était encore
une fois rassemblé à l'entour d'elle. Le roi louis XIII fit tout
pour éviter une ruptures qui aurais fait renaître les discorde
qu'on avais eu tant de peines à apaiser. Mais, quand il vis que
les rebelle s'était imaginés pouvoir lui résister, il se mis à
la tête de l'armée royal, alors commandé par le prince de
condé, devenu un des plus fidèle sujet qu'eut jamais eu
le roi.

354°. — Les revers qu'avaient essuyé la france s'était succédés d'une manière déplorable. Villeroi, que la faveur de

la cour s'était plue à placer à la tête d'une armée de quatre-vingts milles homme, étais en flandre. La présomption, comme l'impéritie qu'il a montré, causère au pays les plus grand mals qu'il a eu à endurer. La flandre français fut abandonné et perdu.

355°. — Frédéric, poussé à la fois par la france, l'autriche et la russie, était prêt à perdre ces état et près de proposer la paix : mais la bataille de rosbach qu'il gagnat en 1557, rétablie promptement ces affaire. Le prince de soubise s'étais mit à sa poursuite, et se voyant prêt à l'atteindre, il le tenais pour vaincu. Tout d'un coup, frédéric fais volte-face, et par une savant manœuvre, écrases notre armée. Le peu de concert qui régnais entre les français, contribuat beaucoup à la pertes de cet batailles.

356°. — On se pressais à l'entour des bureau du financier law, pour échanger, contre des billet, le fruit de ces économie. Mais un curieux adressais-il une question auparavant de verser ces fonds? on refusais son argent. Demandais-il quelque explications après le versement? les agent lui remboursait de suite son capitale. Le crédit se dissipat tout d'un coup, et cent milles famille fures réduits au plus grand besoin, quoiqu'elles ait jouies avant de toutes les commodité de la vie. Alors law fut obligé de fuir au plutôt pour se dérober à l'indignation général.

357°. — Louis XVI, ou le roi martyr, aussi humain que bienfaisant, abolis la question où de malheureux accusé s'avouais coupable, quoi qu'ils soit innocents, par ce qu'ils était trop faible pour résister aux souffrance inouïe qu'on leurs faisaient endurers. Il supprimat l'impôt dit *joyeux avènement*, qui avais toujours été exigé quant un nouveau roi montais sur le trône. Quand aux corvées qui pèsait sur les habitant de campagne, elles fures aussi aboli.

358°. — Hé! qui eut jamais crut que la fille des césar, marie-antoinette, ne serais venu en france que pour y perdre la vie par la mains des bourreaus. Hé! qu'avais-on aussi à reprocher à madame élisabeth? Oh! n'était-elle donc pas du sang des roi? Et l'infortuné louis XVII, que le farouche simon éveillais chaques nuits et le forçais à lui répondre, en criant : olà! capet, est-tu là? — Eh! laissez-moi dormir, disait le malheureux enfant. — Ho ho! il m'importent peu que tu dort, répondais le bourreau.

359°. — Le 18 fructidor, an VI, l'on arrêtat cinquante et un député, entr'autre pichegru, carnot, barthelemy et plusieurs journaliste ; puis on décidat que l'on les envoerais dans les désert brûlant et infect de la guyane francais. Les auteur de cette acte arbitraire restères au pouvoir ; mais en faisants proscrires leurs collègue, sans aucunes formes légals, ils revétissait les autre du droit de les traiters de même quelques jours, puisqu'on pourais leurs dires : ce que vous disez et faisez contre les autre, on pourrat le dire et le faire contre vous ; si vous contredites cet assertion ; voulez vous rappeller toute les représaille qu'on a exercé depuis quelque année, et vous vous convainquerez facilement.

360e. — Bientôt fut proclamé la constitutions de l'an **VIII**, composé de quelque morceaus décousu des précédents et qui assoyais bonaparte sur les marche d'un trône au haut de qui il s'asseorais sous peu définitivement. On lui adjoind, pour consul secondaire, cambacérès et lebrun. La politique du premier consul fut d'abord très-modéré. Les décret de déportations sont révoqué ; les émigré peuves rentrer en france, pourvu qu'ils veules faire serment à la république. Ce grand général désirais sincèrement la paix : on lui refusat avec dédain, et on ne songa pas que tout la France tressaillerais d'indignation, en apprenant qu'elle étais insulté dans la personnes de son chef.

361e. — Pendant l'ère républicain, tout les passion se trouvait résumé dans une seul : la défense de la patrie. Gloire et patrie, voilà les deux mot qui absorbait tout ; et c'est ce double sentiment, plus tôt que le nombres de nos soldat, qui format cet foules de héros, surgi de nos campagne pour étonners le monde : aujourd'hui conduisants la charrue, demain portants le mousquet, le jour suivans ils se réveillait roi. Loin d'arrêter la civilisation, cet époque mémorable n'avais fais qu'en accélérer les progrès. L'égalitée originel de qui les principe avait été autrefois jeité au monde par le christianisme, repris une nouvel vigueur.

362e. — Quoi que la violence ainsi que la fureur eusse exagérées ces principe, il n'en résultes pas moins que tous les français pusses êtres admis à tous les emploi, que les impos et autre charge public fusses également répartit entre tous les citoyen, et qu'il n'est reconnut d'autres distinction que celle dès vertu et des talent. L'empire propaga ses même idée dans tout l'europe, en réunissant dans ces innombrable bivouac le polonais et l'espagnol, le belge, l'italien et le saxons ; en n'accordant qu'aux plus digne ces faveur et ces emploi.

363°. — Le commencement du XIX°. siècles surtout pendant la restaurations, vis paraître des profond publiciste, de philosophe religieux, d'artiste plein de goût, et des célèbre orateur, qui fires retentirs la tribunes national de leurs discours aussi sage que hardi. La vapeurs s'étaient d'abord appliqué à quelque usine ; bientôt l'imprimeries, les voiture, la marines s'en étantes emparé, elle devins le moteurs de la plupart des mécanique employé pour accélérers les entreprise industriels et commercials des homme. Les chemin de fers, les pont suspendu, viennes encore ajouter à chaques instants aux chef-d'œuvres des art.

SUR LA PONCTUATION.

364°. — Le cinquième anniversaire de la révolution de juillet fut marqué par un crime effroyable le roi entouré de ses enfants et des principales illustrations civiles et militaires de la France passait sur les boulevards entre les lignes formées par la garde-nationale et la troupe lorsque tout-à-coup ô crime épouvantable une machine infernale composée de vingt-cinq canons de fusil rapprochés et réunis éclate sur son chemin foudroie le groupe en tête duquel marchait le roi et frappe mortellement autour de lui dix-huit victimes dont un général et le maréchal Mortier duc de Trévise.

365°. — Ainsi cet illustre guerrier que le fer de l'ennemi avait respecté pendant près d'un demi-siècle sur les champs de bataille trouva la mort au milieu de Paris sous les coups d'un vil assassin nommé Fieschi Le roi qui n'est pas atteint non plus que ses fils continue avec sang-froid la revue au milieu de l'agitation générale A la suite de cet attentat furent adoptées plusieurs lois que l'on crut propres à empêcher qu'il ne se renouvelat de semblables crimes Mais que peuvent des lois répressives contre le fanatisme des opinions exaltées A peine le glaive de la loi s'était-il appesanti sur la tête de Fieschi qu'une nouvelle tentative de régicide vint affliger le pays armé d'un fusil à canne Alibaud fait feu sur le roi par la portière de sa voiture au moment où il sortait des Tuileries Un heureux hasard détourna le coup l'assassin fut arrêté condamné à mort et exécuté Eh depuis cette époque combien de tentatives de régicide ne vinrent-elle jeter la consternation dans tous les cœurs vraiment français Meunier Boireaux Lecomte et Henri n'ont-ils pas encore essayé de priver la France du chef qu'elle s'est choisi.

366°. — Le 13 octobre 1837 une nouvelle expédition dirigée contre Constantine répara l'échec éprouvé l'année précédente La résistance opiniâtre des assiégés ne fit que rehausser le courage brillant des soldats français qui emportèrent la place après un assaut furieux Le duc de Nemours second fils du roi se distingua par son sang-froid au milieu du feu le plus vif Le général comte Damrémont commandant en chef l'expédition avait été tué par un boulet de canon ennemi la veille de l'assaut Que n'a-t-il vécu pour être témoin d'une victoire qu'il avait si bien préparée Le général Valée qui le remplaça enleva la ville et obtint à la suite de ce succès le bâton de maréchal de France.

Du 22 au 23 février 1839 la province d'Oran a été le théâtre d'un des plus beaux faits d'armes que les annales militaires aient jamais eus à enregistrer 12,000 arabes vinrent attaquer les mauvaises murailles de Mazagran qui n'avait pour défenseurs que 123 hommes du premier bataillon d'Afrique Les remparts furent battus en brèche durant quatre jours et quatre assauts tentés par des ennemis fanatisés Mais chaque fois leur audace est venue se briser contre le drapeau tricolore et nos braves les ont toujours vaillamment repoussés soit à coups de baïonnettes soit avec des grenades soit avec des pierres Enfin la bravoure triompha de la fureur Oh invincibles soldats que de belles pages ne pourrait-on composer en votre honneur mais je m'arrête Vos noms passeront à la postérité la plus reculée.

EXERCICES

SUR LES HOMONYMES. [1]

1er. **EXERCICE.** — Voyez vous ce pauvre *erre*, natif *d'air* (Pas-de-Calais), vêtu d'une *hère* de crin; il *aire* autour d'une *haire* ou l'on respire un mauvais *ère;* mais une *Aire* nouvelle va s'ouvrir pour lui, parce qu'il vient de *Fère* un héritage immense d'un oncle marchand de *faire* mort à La *fer* (Aisne.)

2e. — Ce cordonnier perdit *aleine* en cherchant son *haleine;* et pour avoir pris une *amende*, il fut condamné à une *amande* de deux cents francs. Ce bel *Anne* appartient à ma sœur *âne*, qui m'a toujours dit qu'une maison de jeu est un *entre* horrible, et celui qui le fréquente s'y trouve placé *antre* l'infamie et la mort.

3e. — Ce marchand vend de *l'ancre* pour écrire et des *encres* pour fixer les vaisseaux. L'auteur de cette *Aude* est né sur les bords riants de *l'ode*. *Août* allais-tu le quinze *houe* le seize du mois *d'ou*, avec un rameau de *où* à la main et une *houx* sur l'épaule. Cet *hauteur* n'est pas à la *auteur* de son siècle.

4e. — En achetant cet *art* de bois où tu trouveras une grande quantité de *arrhes*, tu fis bien de donner des *harts*. Ton marché fut conduit avec *are*. Ce marchand *d'au* boit de *l'os* du matin *aulx* soir et mange des *eau* avec son pain. Cet homme, quoique né sous d'heureux *hospice*, mourut à *l'auspice*.

5e. — A l'époque de la terreur, son père éleva un *hôtel* dans son *autel* où un saint prêtre disait la messe. *L'appât* de l'oisiveté est toujours un *appas* dangereux pour la jeunesse. Le premier dimanche *d'avant* arrive toujours quatre semaines *Avent* Noël. Mon cousin, en sortant du *balle*, partit pour *bal* en Suisse, où il reçut une *Bâle* dans la tête.

---

(1) On appelle *homonymes* les mots qui ont la même prononciation, ou à peu près, mais qui diffèrent par l'orthographe.

6. — *Balai* cette *sale* qui est *salle*, avec ce *ballet*, parce qu'on doit y danser un *balaie*. Assis sur mon *ban*, j'entendis publier son dernier *banc*. C'est en *vin* qu'il but du *vingt* quand il *vain* me voir le *vint* du mois de juin; il défaillit en route. Mon frère, qui a le pied-*beau* et qui possède un *baud* chien *baux*, rédige souvent des *bot*.

7. — J'ai *dessin* d'envoyer mon fils au cours de *dessein*. Avec le *boue* de ma *cane*, je tuai une *canne* qui tomba morte dans la *bout*. Nous nous sommes promenés en *canaux* sur des *canots* où il ne faisait pas *chaux*; nous débarquâmes auprès d'un four à *chaud*; nous attachâmes notre nacelle à une *chêne* scellée dans un tronc de *chaine*, et nous ne restâmes à terre qu'un *car* d'heure, *quart* il était déjà tard.

8. — Un *quand*, sous les ordres d'un général qui ressemble au *qu'en* des Tartares, a été formé près de la ville de *camp*. Un milord de la province de *Kan* alla le visiter. *Caen* irons-nous aussi? *Kent* aux frais de voyage, je m'en charge. *Quant* penses-tu? Ce *jarre* a bu une *jars* de lait tout entière.

9. — Ce vieux papa qui *bât* la caisse, dans une ribote, a perdu ses *Bah*, et le *bas* de son âne; lorsqu'on lui en parle, il dit: *bat!* Ces enfants de *cœur* ont du *chœur*; ils travaillent à l'*envies* et ont *envi* de se surpasser. *Envie-tu* leur courage. Léopold n'était pas *guet* lorsqu'il passa le *gai*, car il était poursuivi par le *gué*. Cette *jeûne* fille observe le *jeune* ordonné par l'église.

10. — Ce brave général abrita sa *tente* sous sa *tante*. Donne un *sous* à cet homme *sou* couché *soûl* la porte. Je n'aime pas *trot* le *trop* de ton cheval. La *Rennes*, qui était couverte d'une peau de *rênes*, tenait les *Reine* de son coursier en entrant dans *raines* où l'on voit beaucoup de *renne* vertes.

11. — C'est un *faix* notoire que ton père a succombé sous le *fait* des années. Ces jeunes gens ne reculeraient *guerre* s'il fallait aller à la *guère*. Ce riche négociant, se voyant mourir d'une blessure qu'il a reçue d'une *lai*, fit son testament: il laissa un *les* considérable pour *legs* pauvres; il était très-*laie* et ne buvait que du *laid*; un frère *lès* lui récita les prières des agonisants, et fut enterré à Longpré-*lait*-Amiens.

12. — Mon ami, *jeu* te conseille de ne pas fréquenter le *je*. André prit une *fosse* route et tomba dans une *fausse* profonde. Ton oncle, homme de bon *cent*, a près de *sens* deux ans; il voit que sa position est *sang* remède; il *sans* que son *s'en* se glace et qu'il *sent* va.

13°. — Lucien dont le *paire* est *père* de France, et qui a une si belle *perd* de chevaux arabes, *pair* tout son argent au jeu. Cette personne, née à *grasse* (Var), est trop *grâce* et manque de *Grasse* dans ses mouvements. Paulin qui, avec son habit *cours*, vient d'entrer dans la *court*, va-t-il au *cour* de musique?

14°. — Le bois de la *chair* de notre église est couleur de *cher*; l'ouvrier qui l'a faite aime la bonne *chaire* et vend sa marchandise très-*chère*. Un habitant de *Pô*, voyageant couvert d'une *pot* d'ours, se noya dans le *Pau* en allant y puiser de l'eau dans un *peau* de grès.

15°. — Ce *ceint* ermite, *cinq* de corps et d'esprit, *Sains* d'une ceinture, qui porte une relique sur son *sain*, est natif de *seing* (Somme.) Je lui prêtai *saint* francs, et il me donna un billet sous *sein*-privé. Ce grand *seau* qui prit le *sot* du maire de *saut*, fit un *sceau* et tomba sur un *Sceaux* plein d'eau.

16°. — A mon cher *coup*, je donnai un *cou* de bâton sur le *coud* du chien de cette femme qui *coût* une robe. *Dais* le matin, nous vîmes *dey* jeunes filles qui allaient parer le *dès* que le *des* d'Alger admira. J'ai perdu la *dans* d'éléphant que j'avais trouvé *dam* la rivière; quel *dent* pour moi!

17°. — Au *clerc* de la lune, je vis le *claire* du notaire qui buvait de l'eau *clair*. Près de la ville de *cens* se trouve une *Sens* dont le propriétaire paie le *cense* électoral. Avec leur *fonts* de boutique, mes parents *fond* construire une maison au *font* du jardin, et donnent de beaux *fonds* baptismaux à l'église.

18°. — L'avare est aussi *comptant* en *contant* ses écus que le vieux soldat l'est en *content* l'histoire de ses campagnes. Le *signe* est le *cygne* de la candeur. Par sa lettre, en *datte* du 9 courant, mon frère m'annonce qu'il m'envoie des *dates*. Cette *bette* mange des *belle* avec avidité.

19°. — Mon fils est monté sur le *fête* de la meule que j'ai *faites*, pour découvrir les divertissements de la *faîte*, si vous êtes curieux, *faite* comme lui. Je suis *là* de tendre des *las* dans cet endroit *lacs*. Ce beau *serein* charme nos oreilles lorsque le temps est *serin*.

20°. — Le premier *mais*, j'allai à la fête du Roi avec *mai* frères; nous ne mangeâmes pas de *mes* succulents, *mets* nous nous divertîmes. Le jour de la *plaine* lune, nous partîmes pour la *pleine*, et à la *voie* de notre chef, nous suivîmes la bonne *voix*. Pour avoir la *paie*, le maître décida que la *paix* se ferait tous les samedis.

21*. — Dans le pays des *mors*, le chien ne *mort* pas quand il aboie ; le cheval y prend quelquefois le *Maures* aux dents ; là comme dans le village de St.-*mord* et partout ailleurs, la cruelle *More* n'épargne personne ; elle traite de Turc à *Maur* les grands comme les petits.

22*. — Le *plant*, que m'a donné ce géomètre, figure un *plan* d'arbres bien dessiné. Ce charron, qui a fait une *rets* sur le *raie* de la voiture, fabrique aussi des *rais* pour prendre des oiseaux. Il habite une chambre au *Rhé*-de-chaussée dans l'île de *rez*. Le *vend* que *vent* ce marchand produit beaucoup de *van*.

23*. — La *tribut* qui habite près de cette *bai* paie un gros *tribu* au *baie* de Tunis, que nous vîmes au mois de novembre sur un beau cheval *Bey*. *Tond* cousin, qui *thon* des chiens a pêché un *taon* et a été piqué par un *ton*. Cette *vice* a un *vis* dans sa construction. Ce *ras* a le poil *rat*.

24*. — Combien *veau* le *Vaud* que vous avez fait venir de *vau* maitairies du pays de *vaut*. En marchant à-*vaux*-l'eau, nous avons admiré les *vos* pittoresques qui bordent cette rivière. Ces hommes qui viennent de faire la *vol* ont commis un *vole*. Ce *quartier* demeure dans un *cartier* paisible.

25*. — En traversant la Loire dans une *tout*, j'ai gagné une *touc* qui me rend *toux* malade. *Vert* midi, je trouvai, dans ce *ver* bosquet, un *verre* très-gros que je mis dans une bouteille de *vers*. Par ce *halle* brûlant, on se trouverait bien sous une *hâle*.

26*. — Ce jeune homme, qui fut vainqueur dans sa *lut*, raccommoda son *lutte* avec du *luth*. La *sel* que vous m'avez envoyée n'est pas *selle* que vous aviez vendue au marchand de *celle*. Cet homme bizarre fit peindre un *pan* sur le *paon* de sa redingote.

27*. — Avec la belle canne d'un seul *geai* que mon oncle m'a rapportée des îles, *jais* tué mon chat noir comme un *jet*, parce qu'il a croqué le jeune *j'ai* que mon fils avait élevé avec tant de soins. J'ai *temps* de *tant* à ranger que je n'ai pas le *tan* de vous aller voir. Je *résonne* du tonneau qui *raisonne* si fort, quand on frappe dessus.

28*. — Je *puits* vous assurer qu'il y a dans la ville de *puis*, un joli *Puy* artésien. Je *saie* que ces parents, qui m'ont envoyé *sait* livres, sont ordinairement vêtus d'une *sept* grossière. Mon ami *c'est* trompé en m'assurant qu'il y a *sais* grappes de raisin sur ce *ses* de vigne ; *s'est* assurément qu'il ne *ceps* pas compter.

29°. — Mon frère a une *aine* invétérée contre toi, parce qu'en nageant dans l'*haine*, tu le blessas à l'*Aisne*. On a vu à Francfort-sur-le-*main*, *Mein* français se tenant par la *maint* dans la rue. Je *saure* de manger un hareng-*sort* dans cette auberge. Je plains le *saur* du voyageur qui y descend avec un cheval *sors*.

30°. — Rouen, situé sur la *cène*, est dans une position *Seine* ; ses habitants vont voir la *scène* du jeudi-saint, qui est une *saine* bien touchante. Ce peintre *pain* dans ce tableau, un enfant mangeant un morceau de *pin* à l'abri d'un *peins* : *peint*-en un aussi.

31°. — *Panse* à ton malheureux cousin dont on *pense* la plaie. J'ai de la *penne* à croire que le *peine* de cette serrure soit aussi gros que la *pêne* d'un aigle. Cet homme de *toi* qui te doit deux cents francs, ne pense pas à *toit* sous son *Thoix* rustique. Le *Marie* de *marri* est bien *mari* de ton malheur.

32°. — *Apprêts* le dîner, il fallut faire les *après* de son départ. En chassant dans le *Parque* du château, la *parc* lui trancha le fil de ses jours. Ce n'est pas tant *pie* que tu as tué la *pis*. Ces enfants, qui jouent au petit *palais* dans la cour du *palet*-de-justice, jouent aussi de la *lire* sans savoir *lyre* la musique.

33°. — Je *plein* ce chantre *plain* d'orgueil qui ne sait pas le *plaint*-chant : tout le monde le *plains* aussi. *Doubs* viens-tu ? Du département du *doux* où le climat est très-d'*où*. Je trouvai un *forêt* dans la *forêt*. Ce meûnier, qui *mou* mon grain fait la *moud*, parce que je lui donne du *moue* de veau à manger.

34°. — Je *parti* pour la fête où j'acceptai une *partis* de tamis que j'ai perdue, j'en pris mon *partie* en brave. Nous trouvâmes une *paume* dans le jeu de *pomme*. Il me démit le *pousse* avec une *pouce* d'arbrisseau. Nous cueillîmes un *coin* *mur* et une *mûr* dans un *coing* du jardin contre le *mûre*.

35°. — Dans le *porc*, nous avons vu un *pores* qui saignait par tous les *port* de la peau. Mon ami, je connais *taie* desseins. *Tais*-toi, ton frère se *tais* aussi. Que *tét*-il arrivé ? *t'est*-tu battu ? Mon cousin m'a fait une *tes* dans l'œil droit avec un *t'es* de pot.

36°. — En sortant de mon *lie*, où je respirais l'odeur du *lit*, je tombai dans une mare de *lis*. Au moment où je regardais la *cap* de mon cidre, je vis entrer dans mon cellier un homme couvert d'une *cappe* de laine et armé de pied en *cape*. Ce cabaretier fait répéter aux *écot* de la vallée que chacun doit payer son *échos*.

37e. — Votre oncle habite la ville de *grès* où il fabrique à son *Gray* des pots de *gré*. Je donnerai cette *Agathe* à ma sœur *agathe*. Je *croix* que le supplice de la *crois* a racheté le genre humain. Mon frère *croit* à tort que son fils ne *croit* plus. Il *faux* t'accoutumer à couper de l'herbe avec ta *faut*.

38e. — Nous avons acheté de bonne *Grèce* en *graisse*. Au moment du *frais* des poissons par un vent *frêt*, nous avons été payer le *frai* de notre vaisseau. Ce soldat avait du courage et de bons *Rhin* pour traverser le *reins* à la nage. Il n'y a qu'*Eure* et malheur dans ce monde. Après avoir navigué pendant une *heur*, il vint un *heure* qui nous fit sombrer dans l'*heurt*.

39o. — *Ont* dit que vos parents *on* vendu leur maison. Je me *part* de mes plus beaux habits, et je *pare* ce matin *pars* le chemin de fer, pour aller recueillir ma *par* de la succession de mon oncle. Je trouvai un long *poêle* dans la *poil*. Je *pari* que tu perdras le *Paris* que tu fis à *parie*.

40o. — Il n'aime *poing* le coup de *point*. Cet homme *achores*, qui a fait un *accort* pour fournir des *accord* aux constructeurs de vaisseaux, a des *accores* à la tête. J'aime mieux manger du *bouillie* que de la *bouilli*. *Sa*, mon ami, il faut passer *sas* farine au *ça*. Autrefois, les seigneurs tuaient un *cerf* comme un *serf*. Le St.-*crême* ne se fait pas avec de la *Chrême*.

41e. — *Cyr*, nous vous prions d'envoyer de la *sire* pour l'église de St.-*cire*. C'est avec du *coq* que l'on a fait cuire le *coque* de bruyère et ces œufs à la *coke*. Le son du *corps* a retenti dans tout mon *cor*. Cette femme, avec sa *côte* rouge, se cassa une *cote* et mourut ; ses enfants se partagèrent sa *quote* et payèrent leur *cotte*-part des frais et des dépenses. Il me *dégoutte* avec la bave qui *dégoûte* de sa bouche. Le *dont* que t'a fait la personne *donc* tu me parles, ne te convient *don* pas : tu n'es jamais content.

42e. — Mes parents habitent la ville d'*œufs* (Seine-Inférieure); cette lettre est pour *Eu* ; je les prie de m'envoyer un cent d'*eux* pour la tête. Ce grand niais reçut un *flanc* dans le *flan*, et tomba par terre de peur. Cet habitant de la province de *gale* a la *galle* et vend des noix de *Galles*.

43e. — Ce jenne *gare*, avec son cabriolet, culbuta dans le département du *gars*, deux gendarmes, sans dire *Gard*. J'aperçus la fumée du *gaze* à travers son voile de *gaz*. Sa *hôtesse*, voyageant incognito, ne se fit pas connaître à l'*hautesse*. Il déposa sa *haute* dans la chambre *hôte* de son *hotte*.

44e. — Ce *Hérault*, qui vient en *héros* sommer la place de se rendre, est né dans le département de l'*héraut*. Ille resta pendant deux ans dans une *il* formé par la rivière d'*i'e Mat* sœur qui a le teint *mât*, resta suspendue au *ma* du vaisseau. *Nid* mon frère *nid* moi nous ne dénicherons ce *n'y* de fauvettes, je *ni* pense même pas.

45e. — La *Pâques* des Juifs ne s'écrit pas comme le *Pâque* des Chrétiens. Ce chat me fait *pâte* de velours quand je lui donne de la *patte* de jujube. *Roc* qui a une voix *Roch*, me mena sur un *rauque* escarpé. Nous plaçâmes notre *butte* au haut de la *bute* Montmartre où nous trouvâmes une *but* de maréchal.

46e. — Mon fils, *hante* cet arbre et ne *ente* point les mauvais sujets. *Scelle* ton cheval, *cèle* ta lettre et ne me *selle* pas ton secret. Mes filles, il faudra *égayer* ce linge avant de vous aller *aigayer* dans le jardin. Cet homme qui *bâille* si souvent, *baille* aussi des terres à ferme.

47e. — Je veux que ce malheureux *chôme* mon champ, lorsqu'il *chaume* faute de travail. Cet individu *décèle* les gonds de la croisée, il ne *descelle* pas le cheval de son maître, et par ses actions, il *desselle* une âme corrompue. Dieu *exhausse* la prière de celui qui l'implore, et il *exauce* le petit pour confondre le grand.

48e. — Nous avons rencontré ce *marchant* de toile *marchand* à grands pas. Votre neveu, *fatigant* la société par son bavardage, est un être bien *fatiguant*. Cet homme, *fabricant* des bretelles, est un *fabriquant* très aisé. Ce magistrat intègre, *président* le collége électoral, est le premier *présidant* de la cour royale.

49e. — Ton frère, *adhérent* à tes principes, n'est cependant pas ton *adhérant*. Mon oncle, *résident* à Turin, a été nommé *résidant* du gouvernement français. *Délasse* le corset de ta sœur, afin qu'elle se *délace* de ses fatigues. Jésus-Christ a dit : de *pécheurs* de poissons, je vous ferai *pêcheurs* d'hommes. Le syndic *repartit* la somme entre les créanciers, et *répartit* ensuite pour sa maison.

50°. — Mon fils, *repends* de la cendre dans le jardin, et *répands* ce tableau. Le soleil nous *halait*, et cet individu *hâlait* son chien après nous. Je vais *conter* de l'argent et ensuite te *compter* une histoire. Il faut *céder* les uns les autres, et *s'aider* sa place à ceux qui sont plus élevés en dignités.

51°. — On ne peut empêcher le vent de *vanter*, ni un orgueilleux de *venter* son mérite. Mon ami, *tache* d'enlever la *tâche* que tu as faite à ton habit. En allant *faonner* nos foins, nous trouvâmes une biche qui venait de *faner*. Cette femme qui *allaite* si fort, est celle qui *halette* ton fils.

52°. — Cet homme que le roi *ennoblit* ne s'*anoblit* pas par sa conduite. *Taux* ou *tare*, je saurai le *tôt* et la *tard* de ses marchandises. Je rencontre ce gros *matin* chaque *matin*. De *coi* s'agit-il? Je vous dis de rester *quoi* dans votre chambre. Je mets pour principale *close* que la porte restera *clause*. Cet homme *censé* est *sensé* avoir donné sa démission. *Lasse* ta sœur qui est *lace* d'avoir couru. Ton cousin *extravagant* à tout propos, est un *extravaguant* ennuyeux. Lucien, *intrigant* continuellement, est un *intriguant* éhonté.

PETIT

TRAITÉ D'ANALYSE.

DE L'ANALYSE.

1. — L'*Analyse* est l'examen des parties qui constituent une phrase, une proposition : *analyser*, c'est décomposer.

2. — Il y a deux sortes d'*analyses* : l'*analyse grammaticale* ou *des mots*, et l'*analyse logique* ou de la *pensée*.

DE L'ANALYSE GRAMMATICALE.

3. — *Analyser grammaticalement* le discours, c'est rendre compte individuellement de tous les mots qui composent une phrase, en indiquant, 1°. à quelle partie du discours ils appartiennent; 2°. quelles fonctions ils remplissent, quels rôles ils jouent, quels sont leurs rapports avec les autres mots; 3°. enfin, ce qu'ils sont et ce qu'ils font, et tout cela d'après les règles de la Grammaire.

4. — L'analyse est comme un phare qui éclaire les élèves dans l'étude de notre langue : c'est une véritable pierre de touche qui distingue sur-le-champ un enfant qui suit des principes, de celui que guide une routine aveugle et très souvent fautive.

5. — *Observation importante.* La première analyse des élèves doit être très-simple. D'abord on leur fait analyser le *nom*, l'*article* et l'*adjectif*, ensuite le *pronom*, après le *verbe*; en ayant soin toutefois de ne les faire passer à un autre mot que quand ils ont acquis une connaissance parfaite des mots précédents : par ce moyen, on mettra de l'ordre, de la rectitude dans leurs idées, et l'analyse sera ramenée à son véritable usage, qui est de guider les élèves dans la marche sûre et certaine qu'ils doivent suivre, en leur épargnant la peine de retourner sur leurs pas, pour savoir s'ils ne sont pas dans l'erreur. Dans les premiers exercices, on ne leur fera rendre compte que de la nature des mots; mais à mesure qu'ils acquerront de nouvelles forces, ils devront développer graduellement avec plus de détails, les diverses fonctions des parties du discours.

4-

PREMIER EXERCICE.

6. — Louis-Philippe (1), le roi populaire. — Marie-Amélie, la reine bienfaisante. — Louis, Philippe (1), les princes courageux.

Louis - Philippe,	nom.	*bienfaisante.*	adjectif.
le	article.	*Louis,*	nom.
Roi	nom.	*Philippe,*	nom.
populaire.	adjectif.	*les*	article.
Marie-Amélie,	nom.	*Princes*	nom.
la	article.	*courageux,*	adjectif.
Reine	nom.		

DEUXIÈME EXERCICE.

7. — Napoléon, le grand empereur. — Joséphine, la bonne impératrice. — Marie, Amélie, les généreuses princesses.

Napoléon,	nom propre.	*impératrice.*	nom commun.
le	article simple.	*Marie,*	nom propre.
grand	adjectif qualificatif	*Amélie,*	nom propre.
empereur.	nom commun.	*les*	article simple.
Joséphine,	nom propre.	*généreuses*	adjectif qualificatif.
la	article simple.	*princesses.*	nom commun.
bonne	adjectif qualificatif		

TROISIÈME EXERCICE.

8. — Ton jardin spacieux. — Une maison étroite. — Ces campagnes riantes.

Ton	adjectif possessif masculin singulier.
jardin	nom commun masculin singulier.
spacieux.	adjectif qualificatif masculin singulier.
Une	adjectif numéral féminin singulier.
maison	nom commun féminin singulier.
étroite.	adjectif qualificatif féminin singulier.
Ces	adjectif démonstratif féminin pluriel.
campagnes	nom commun féminin pluriel.
riantes.	adjectif qualificatif féminin pluriel.

QUATRIÈME EXERCICE.

9. — Rodolphine est aimable; elle honore ses parents.

---

(1) Dans le premier cas, *Louis-Philippe* indique une seule personne, et dans le second cas, *Louis* et *Philippe* indiquent deux personnes distinctes. Il en est de même pour *Marie-Amélie* et *Marie* et *Amélie*.

Rodolphine (1)	nom propre de femme.
est	verbe *être* au présent de l'indicatif.
aimable;	adjectif féminin singulier qui qualifie *Rodolphine.*
elle	pronom personnel.
honore	verbe actif *honorer* au prés. de l'ind., 3ᵉ. pers. sing.
ses	adjectif possessif masc. plur. qui détermine *parents.*
parents.	nom commun masculin pluriel.

CINQUIÈME EXERCICE.

10. — Lille est fortifiée. — La Somme traverse Amiens, et tombe dans la mer.

Lille (2)	nom propre de ville, féminin singulier.
est fortifiée.	verbe passif *être fortifiée* au présent de l'indicatif, 3ᵉ. personne singulière.
La	article simple féminin singulier.
Somme	nom propre de rivière, féminin singulier.
traverse	verbe actif (transitif) *traverser*, au présent de l'in-dicatif, 3ᵉ. personne singul., 1ʳᵉ. conjugaison.
Amiens (2),	nom propre de ville, masculin singulier.
et	conjonction.
tombe	verbe neutre (intransitif) *tomber*, au présent de l'indicatif, 3ᵉ. pers. sing.
dans	préposition.
la	article simple féminin singulier.
mer.	nom commun féminin singulier.

SIXIÈME EXERCICE.

11. — Ah! nous avons bientôt oublié nos fautes lorsqu'elles ne sont sues que de nous.

Ah!	interjection qui exprime la douleur.
nous	pronom personnel, sujet du verbe *oublier.*
avons oublié	verbe actif (transitif) *oublier*, au passé indéfini, 1ʳᵉ. pers. plur., 1ᵉʳ. mode, 1ʳᵉ. conjug., son sujet est *nous* et son complém. direct est *fautes.* (Le participe *oublié* est invariable, parce qu'il est accompagné du verbe *avoir* et qu'il est suivi de son complément direct.)

(1) En saine logique, on ne devrait considérer comme *noms propres* d'hommes et de femmes que les *prénoms*, et non pas les *noms de famille*, qui n'acquièrent la propriété du genre que par l'adjonction d'un *prénom.*

(2) Tout nom de ville terminé par une syllabe masculine, est du genre masculin : excepté *Ilion, Jérusalem, Sion, Tyr*, qui sont du genre féminin ; mais tous ceux qui sont terminés par *e* ou *es* sont du genre féminin.

bientôt	adverbe de temps.
nos	adjectif possessif fém. plur. qui détermine *fautes.*
fautes	nom commun fém. pl. comp. dir. du verbe *oublier.*
lorsque	conjonction.
elles	pronom personnel de la 3e. personne plurielle.
ne	adverbe de négation.
sont sues	verbe passif *être su* au prés. de l'ind., 3e. pers. plur. (Le participe *sues* s'accorde avec son sujet. parce qu'il est accompagné du verbe *être.*)
que	conjonction.
de	préposition.
nous.	pronom personnel de la 1re. personne plurielle.

SEPTIÈME EXERCICE.

12. — Certes, après la mort, Dieu nous demandera un compte sévère des actions que nous aurons faites.

Certes,	adverbe d'affirmation.
après	préposition dont le régime (complément) est *mort.*
la	article simple fém. sing. qui détermine *mort.*
mort,	nom commun fém. sing. qui n'a pas de pluriel.
Dieu	nom propre masc. sing. qui désigne *l'Être éternel.* Sujet du verbe *demander.*
nous	pronon pers. de la 1re. pers. plur., complément indirect du verbe *demander.*
demandera	verbe actif (transitif) *demander* au futur simple, 3e. pers. sing., 1re. conjug., 1er. mode, temps simple et dérivé, son sujet est *Dieu*, son compl. dir. est *compte* et son compl. ind. est *nous.*
un	adjectif numéral masc. sing. qui détermine *compte.*
compte	nom commun masc. sing., complément direct du verbe *demander.*
sévère	adjectif masculin singulier qui qualifie *compte.*
des	artic. comp. pour *de les*, fém. plur. qui dét. *actions.*
actions	nom commun fém. plur., antécéd. du pr. relat. *que.*
que	pronom relatif, complément direct du verbe *faire.*
nous	pron. pers. de la 1re. pers. pl., sujet du verbe *faire.*
aurons faites.	verbe actif (transitif) *faire* au futur antérieur, 1re. pers, plur., 4e. conjug., 1er. mode, temps composé et dérivé, son sujet est *nous*, son complément direct est *que* pour *actions.* (Le participe *faites* est variable. parce qu'il est accompagné du verbe *avoir*, et qu'il est précédé de son complément direct le relatif *que* pour *actions.*)

MÉTHODE D'ANALYSE GRAMMATICALE.

13. — Si le mot à analyser est *nom*, indiquer l'espèce (commun ou propre) ; le genre, le nombre ; s'il est sujet ou complément d'un verbe.

S'il est *article*, indiquer l'espèce (simple ou composé) ; le genre, le nombre, et quel nom il détermine.

S'il est *adjectif*, indiquer l'espèce (qualificatif, possessif, démonstratif, indéfini) ; le genre, le nombre, quel nom il qualifie ou détermine.

S'il est *pronom*, indiquer l'espèce (personnel, possessif, etc.) ; la personne, le nombre, de quel nom il tient la place.

S'il est *verbe*, indiquer l'espèce (actif, neutre, passif, etc.) ; la personne, le nombre, la temps, dérivé ou primitif, composé ou simple, le mode, la conjugaison, son sujet et son complément.

S'il est *participe*, indiquer l'espèce (présent ou passé) ; s'il s'accorde avec son sujet ou son complément, ou s'il est invariable, en dire la raison.

S'il est *préposition*, indiquer l'espèce, quel est son complément, avec quel mot elle marque un rapport.

S'il est *adverbe*, indiquer l'espèce ; quel mot il modifie ou détermine.

S'il est *conjonction*, indiquer l'espèce, quel mot ou membre de phrase elle lie à un autre.

S'il est *interjection*, indiquer quel sentiment de l'âme elle exprime.

DE L'ANALYSE LOGIQUE.

14. — L'*Analyse logique* a pour objet de déterminer les *propositions* qui entrent dans le discours et les parties qui les composent.

15. — La *proposition* est l'expression d'un jugement : c'est l'énonciation de deux idées jugées, pensées, comparées entre elles dans notre esprit.

16. — Il n'y a point de proposition possible sans verbe.

17. — Une phrase se compose d'autant de propositions qu'il s'y trouve de verbe à un mode personnel.

18. — L'indicatif, le conditionnel, l'impératif et le subjonct f sont les *modes personnels*. L'infinitif est le *mode impersonnel*. (Voir notre Grammaire, note 35.)

19. — Toute proposition, *considérée logiquement*, renferm e trois parties essentielles : *Le sujet, le verbe* et *l'attribut*.

20. — Le *sujet* est l'objet principal de la pensée : il s'énonce par un *nom*, un *pronom* ou un *infinitif*.

21. — Le *verbe* est le mot qui unit l'attribut au sujet : il en marque la convenance ou la disconvenance. Le verbe s'énonce de deux manières : 1°. le verbe *distinct : Napoléon* ETAIT *vaillant ;* 2°. le verbe *composé* ou *attributif : La terre* TOURNE, pour *la terre est tournant.*

22. — L'*attribut* est la manière d'être du sujet, la qualité qu'on lui accorde ou qu'on lui refuse : il s'énonce par un *nom*, un *adjectif*, un *pronom*, un *participe présent*, un *participe passé* ou *un infinitif.*

EXEMPLES :

SUJET.	VERBE.	ATTRIBUT.
Dieu	*est*	*juste.*
Le menteur	n'est pas	*croyable.*

Dans le premier exemple, le verbe *est* unit l'attribut *juste* au sujet *Dieu*, et en marque la convenance. Dans le second exemple, le verbe *est* unit l'attribut *croyable* au sujet *menteur ;* mais il en marque la disconvenance à l'aide des mots *ne.... pas.*

23. — Outre les trois parties logiques essentielles, que nous venons d'indiquer, il en est une autre, purement grammaticale, que l'on appelle *complément*, et qui se joint au *sujet* et à *l'attribut*, pour en *compléter* le sens.

24. — Le sujet et l'attribut sont *simples* ou *composes.*

25. — Le *sujet* est *simple* quand on ne parle que d'un seul être ou objet, ou de plusieurs de même espèce pris collectivement : LE BAVARD *est ennuyeux.* — LES CHIENS CANICHES *sont fidèles.*

26. — Le sujet est *composé*, quand on parle de plusieurs êtres ou objets, à chacun desquels convient l'attribut : LE LIÈVRE et LE LAPIN *sont agiles.* — LA COLÈRE et L'ORGUEIL *sont insupportables.*

27. — L'attribut est *simple*, quand il n'exprime qu'une qualité du sujet : *L'ame est* IMMORTELLE. — *Les hommes sont* FAIBLES.

28. — L'attribut est *composé* lorsqu'il exprime plusieurs qualités du sujet : *La prospérité est* INSOLENTE *et* FIÈRE. — *Dieu est* JUSTE *et* MISÉRICORDIEUX.

29. — Le sujet et l'attribut sont encore *complexes* ou *incomplexes.*

30. — Ils sont *complexes* quand plusieurs mots se joignent au sujet et à l'attribut, pour en *compléter* le sens : *Le soleil* SUR LES MONTS *cuit* (pour est *cuisant*) LA GRAPPE DORÉE. — *Les hommes insolents* DANS LA PROSPÉRITÉ *sont tremblants* DANS LA DISGRACE.

31. — Ils sont *incomplexes* lorsqu'ils sont réduits à leur plus simple expression, c'est-à-dire qu'ils n'ont aucune espèce de complément : *La vertu est timide.* — *L'homme parle pour l'homme est parlant.*

52. — Il y a deux sortes de propositions : *La proposition princi-pale* et la *proposition incidente.*

53. — La *proposition principale* est celle qui occupe le premier rang dans la pensée de celui qui parle ou qui écrit; c'est d'elle que dépendent les autres propositions : L'OR DONNE SOUVENT DE MAUVAIS CONSEILS ; *cependant les hommes le recherchent avec avidité. L'or donne souvent de mauvais conseils* est une proposition princi-pale, c'est en elle que se trouve le sens *principal* de la phrase ; le reste n'est qu'accessoire.

34. — Il y a deux sortes de propositions principales; La *princi-pale absolue* et la *principale relative.*

55. — La proposition *principale absolue* est celle qui, par elle-même, a un sens complet : LE SOLEIL EST LE FLAMBEAU DU MONDE; *Dieu l'a fait pour animer la nature.* La proposition *le soleil est le flam-beau du monde*, est une principale *absolue*, parce qu'elle renferme le sens principale de la phrase. qu'elle est la première énoncée, et qu'elle a un sens complet : *Dieu l'a fait pour animer la nature*, est une principale *relative*, parce qu'elle renferme aussi le sens *prin-cipal* de la phrase, et qu'elle est liée à la principale *absolue*.

NOTA. Il ne peut y avoir dans une phrase qu'une proposition *principale absolue :* elle est généralement la première énoncée.

36. — La proposition *incidente* est celle qui est ajoutée à un des termes d'une autre proposition pour en compléter la signification; Le *bonheur,* QUE CHERCHENT LES HOMMES , *n'est point dans les voluptés. Le bonheur n'est point dans les voluptés*, proposition *principale ;* QUE CHERCHENT LES HOMMES, proposition *incidente*, parce qu'elle complète le sujet *bonheur.*

37. — Toute proposition qui commence par un pronom relatif ou une conjonction, est généralement *incidente*. Mais les conjonc-tions *et, ou, ni, mais* n'annoncent une *incidente* qu'autant qu'elles sont suivies d'une autre conjonction.

58. — Il y a deux sortes de propositions incidentes : *L'incidente déterminative* et *l'incidente explicative.*

59. — La proposition *incidente déterminative* ne peut être retran-chée sans détruire ou altérer le sens de la phrase : *Charlemagne est le plus grand prince* DONT LA FRANCE S'HONORE. La proposition *dont la France s'honore* est une incidente *déterminative :* si on la supprimait, la phrase n'aurait plus de sens.

40. — La proposition *incidente explicative* peut être retranchée sans détruire ni même altérer le sens de la phrase : *L'homme,* QUI SE VANTE D'ÊTRE UN ANIMAL RAISONNABLE, *se ravale souvent au-dessous de la bête.* On peut, sans nuire au sens de la phrase, supprimer la proposition incidente: *Qui se vante d'être un animal raisonnable,*

41. — Tonte proposition , soit principale , soit incidente , peut être *directe, inverse, pleine ; elliptique, explétive, implicite.*

42. — La proposition est *directe* quand les parties qui la composent se succèdent selon l'ordre grammatical, c'est-à-dire lorsque le sujet, avec son complément, est énoncé le premier, ensuite le verbe, puis l'attribut avec son complément : *L'armée des Français battit* (pour *fut battant*) *complétement les Autrichiens à la bataille de Wagram.*

43. — La proposition est *inverse*, quand les parties dont elle se compose ne sont point placées dans l'ordre grammatical que nous venons d'indiquer : *Des dehors affectés le sage se défie.* Pour que la proposition fût directe, il faudrait : *Le sage se défie des dehors affectés.*

44. — La proposition est *pleine*, quand toutes ses parties essentielles (sujet, verbe et attribut), sont énoncées : *Le mérite est modeste.*

45. — La proposition est *elliptique* lorsqu'il lui manque une ou plusieurs de ses parties essentielles : *Sois studieux;* le sujet *toi* est sous-entendu.

46. — La proposition est *explétive* quand il y a surabondance de mots, c'est-à-dire *pléonasme : Moi, je pourrais trahir mon père.*

47. — La proposition est *implicite* lorsqu'elle est exprimée par un seul mot et sans qu'aucune de ses parties essentielles ne soit énoncée : *Hélas! pourquoi n'as-tu pas suivi mes conseils?* Le seul mot *hélas* forme une proposition implicite, car il signifie : *J'en suis faché,* et il renferme conséquemment le *sujet,* le *verbe* et l'*attribut.* Il en est de même de toutes les autres interjections.

MÉTHODE D'ANALYSE LOGIQUE.

48. — 1°. Indiquer le nombre de propositions qui se trouvent dans une phrase; 2°. déterminer si la proposition est *principale, absolue, relative, incidente, déterminative, explicative;* 3°. indiquer les parties essentielles, 4°. dire si le sujet et l'attribut sont *simples* ou *composés, complexes* ou *incomplexes;* 5°. indiquer les mots qui forment le *complément;* 6°. dire si la proposition est *directe, inverse, pleine,* etc; 7°. si la proposition est *elliptique,* indiquer les mots sous-entendus; 8°. enfin, si elle est *implicite,* mettre les mots nécessaires à sa construction.

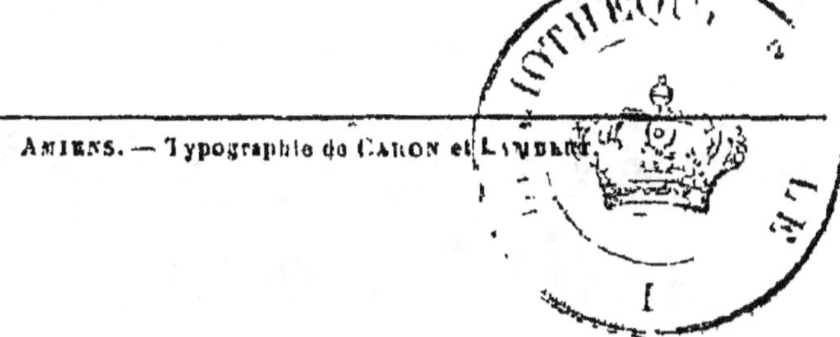

AMIENS. — Typographie de CARON et LAMBERT.